U0604419

债务杠杆的
宏观经济效应研究

A Research on
the Macroeconomic Effects of
Debt Leverage

张美丽◎著

经济管理出版社
ECONOMY & MANAGEMENT PUBLISHING HOUSE

图书在版编目（CIP）数据

债务杠杆的宏观经济效应研究 / 张美丽著. -- 北京：
经济管理出版社，2024. -- ISBN 978-7-5243-0020-5

Ⅰ. F811.5

中国国家版本馆 CIP 数据核字第 20248N14U8 号

组稿编辑：张巧梅
责任编辑：张巧梅
责任印制：许 艳
责任校对：王纪慧

出版发行：经济管理出版社
　　　　　（北京市海淀区北蜂窝 8 号中雅大厦 A 座 11 层　100038）
网　　址：www. E-mp. com. cn
电　　话：（010）51915602
印　　刷：北京晨旭印刷厂
经　　销：新华书店
开　　本：720mm×1000mm/16
印　　张：12.75
字　　数：176 千字
版　　次：2024 年 12 月第 1 版　　2024 年 12 月第 1 次印刷
书　　号：ISBN 978-7-5243-0020-5
定　　价：88.00 元

前　言

　　经济金融体系中，杠杆原理被广泛运用，通过丰富多样的金融产品，借助金融市场和金融中介，资金顺利实现了从资金盈余方向需求方的转移。在现代经济中，债务杠杆不仅成为联系金融体系与实体经济发展的重要一环，同时也反映了金融推动实体经济迅速发展的作用机制。经济中合理运用债务杠杆对于企业增加投资、家庭消费升级具有积极的促进作用，但过高的金融杠杆容易集聚资产泡沫，导致经济金融风险整体上升。2008 年美国次贷危机爆发伊始，西方世界认识到金融创新、金融衍生品的杠杆交易以及由此产生的高速信用扩张，是此次危机爆发的根源。2009 年纽约联邦储备银行（FRBNY）发布了《影子银行系统：对金融监管的启示》研究报告，核心内容在于指出高杠杆会引发金融系统的脆弱性。

　　2008 年美国次贷危机爆发以后，其金融经济遭受了严重的冲击，并通过各种渠道迅速向美国之外的其他国家传播扩散，对全球的经济发展产生了严重的负面影响。为了摆脱经济衰退，各国政府加大力度刺激经济发展，全球范围内出现了宽松的政策基调。为了摆脱外围经济的影响，我国政府紧急出台了 4 万亿元的投资计划，短期内经济发展的不利局面得到了一定程度的缓解，并迅速实现了复苏，但同时也导致政府部门以及企业部门的负债大幅增加，逐步推高了宏观杠杆率，尤其是地方政府部门债务杠杆率水平显著上升。随着我国宏观经济进入了新常态，面临着增长速度换挡期、结构调整阵痛期和前期刺激政策消化期三期叠加的挑战。在"稳增长"与"防风险"的总体发展目标下，研究债务杠杆的宏观经济效应，推动债务杠杆率的优化调整，对于经济发展和国家安全均具有重要意义。

金融危机后，债务杠杆问题受到各国学者的持续关注，债务杠杆对一国经济、金融可持续发展的重要性受到社会各界的广泛重视。随着中国债务杠杆率的一路攀升，国内外众多学者围绕中国是否会发生债务危机，以及债务杠杆的运行机制、宏观经济效应、政策措施等方面展开了广泛的讨论。厘清债务杠杆率的形成原因、演进过程与现状结构，深入分析债务杠杆与经济增长、债务杠杆与经济波动、债务杠杆与金融稳定的影响机制、动态关系、差异性影响，探讨债务杠杆结构性调整的路径举措，有助于经济健康发展，而且能为有效防范金融风险提供科学的思路和决策支撑。

宏观杠杆率上升在影响经济增长的同时，也可能导致信用的过度膨胀，致使金融"脱实向虚"，并对金融的整体稳定性产生不利影响。2016~2017 年，我国诸多城市房价快速上涨，在短期内实现了翻倍，在"国十二条"等政策调控下，房价依然保持持续上升，房地产价格泡沫风险凸显。房价暴涨、高杠杆投资这些高风险事件的发生或多或少都受到了债务杠杆作用的推动，而维护金融稳定，需要政府有效控制债务杠杆率。

美国、日本两大发达经济体去杠杆的历史经验表明：一国金融体系不同，去杠杆政策对经济的影响就会存在较大的差异。20 世纪 90 年代，去杠杆给日本经济带来了长期的负面影响，不利于经济金融的快速恢复。2008 年，次贷危机发生后，美国同样也经历了去杠杆，也出现了诸如信贷紧缩、资金链断裂、流动性囤积等问题，但与日本不同，美国经济在短暂的衰退之后迅速恢复发展。美国和日本两大发达经济体，具有不同的金融体系和金融发展水平。事实上，研究债务杠杆率对宏观经济的影响，有必要专门从金融发展的视角进行针对性的分析、研究。

梳理相关文献发现：第一，债务杠杆率和经济增长存在非线性的关系；第二，债务杠杆率的调控政策仍要兼顾经济增长和金融稳定。在此基础上，分析债务总杠杆率、分部门债务杠杆率对经济增长、经济波动与金融稳定的理论逻辑；实证研究债务总杠杆率、分部门债务杠杆率与经济增长、经济波动、金融稳定的动态关系是否存在明显的结构性、时期性差异，并探讨金融发展如何影响这种关系，这既是本书的研究目标，同时也是各章节要具体研究落实的内容。

基于上述研究目标，本书遵循"文献梳理—理论分析—现状与结构分析—实证检验—政策推进"的研究思路，对上述问题展开系统研究，具体来看，本书各章的结构和内容安排如下：

第1章：导论。从债务杠杆的研究背景与研究意义出发，明确本书的主要内容、研究目标、研究框架、研究方法及创新之处。

第2章：理论基础与文献综述。首先，介绍债务杠杆的相关理论基础，包括：债务—通货紧缩理论、信贷约束机制理论、金融加速器理论、金融不稳定假说等；其次，系统梳理了债务杠杆率的概念界定及测度、债务杠杆与经济增长、债务杠杆与经济波动、债务杠杆与金融风险、债务杠杆与宏观经济政策等相关文献，通过对相关文献进行回顾、整理、述评，确定了可行的研究思路。

第3章：债务杠杆宏观经济效应的理论分析。本章以凯恩斯主义与高杠杆的形成作为出发点，分析债务杠杆影响经济增长的理论机理，同时对债务杠杆影响经济波动的理论机制进行分析。另外，基于债务杠杆变化与局部金融风险累积、风险传导与宏观金融稳定、风险暴露与金融危机分析债务杠杆影响金融稳定的理论机理。

第4章：债务杠杆率的横向比较及我国杠杆率现状结构分析。通过对比中国、美国、日本、英国、印度、澳大利亚6个国家的债务杠杆数据，分析中国债务总杠杆率和分部门债务杠杆率的发展演进过程及现状结构，在此基础上，对债务杠杆率结构、水平与经济转型背离的深层次原因进行分析。

第5章：债务杠杆与经济增长的实证研究。本章在债务杠杆影响经济增长理论分析的基础上，运用1995～2019年全球43个国家（地区）的跨国面板数据对债务杠杆的经济增长效应进行实证，基于金融规模、金融效率、金融结构三个维度，发现债务总杠杆对经济增长的影响呈现显著的门槛效应。在此基础上，从分部门杠杆率角度出发，研究不同部门杠杆率对经济增长的差异影响。

第6章：债务杠杆与经济波动的实证研究。运用全球43个国家（地区）的跨国面板数据，对债务杠杆的经济波动效应进行实证，在此基础上，验证不同金融发展环境下，债务总杠杆对经济波动的影响的门槛效应，并研究分部门债务杠杆对经济波动的影响。

第7章：债务杠杆与金融稳定的实证研究。本章基于债务杠杆的视角，分别从债务总杠杆率和分部门债务杠杆率角度出发，实证检验债务杠杆对金融稳定的影响。基于不同收入国家（地区）分组和不同金融结构类型国家（地区）分组回归，对金融稳定进行异质性检验。

第8章：主要结论与债务杠杆结构性调整的对策建议。本章总结全书内容，从债务杠杆的经济增长效应、经济波动效应、金融稳定效应三个方面给出研究的主要结论，并提出债务杠杆率优化调整的政策建议，同时总结了研究不足与进一步研究展望。

　　本书对债务杠杆的宏观经济效应进行了多角度研究探讨，基于债务总杠杆和分部门债务杠杆，系统分析债务杠杆与经济增长、债务杠杆与经济波动、债务杠杆与金融稳定的关系，为债务杠杆率结构性优化调整提供一定的支撑和依据，对于经济发展和国家安全均具有重要意义。债务杠杆宏观经济效应是一个综合性问题，涉及对象众多，本书只是对这一领域进行尝试性探讨，无论是从研究的深度还是广度来看，都存在不足之处，恳请广大读者在参阅时多提宝贵的意见和建议。本书系西安理工大学校级项目（编号：111-451122003）、西安理工大学校级项目（编号：111-441224003）阶段性研究成果。经济管理出版社责任编辑张巧梅老师为本书的出版付出了辛勤的劳动，提出了宝贵的修改意见和完善建议，在此一并表示衷心的感谢！

目　录

第1章 导论

1.1 研究背景与研究意义

1.1.1 研究背景

"杠杆"一词最初源于物理学,有以小博大之意。随着金融业的产生与快速发展,杠杆原理被广泛运用在经济金融体系中,通过丰富多样的金融产品,借助多种金融市场和金融中介,使资金顺利实现了从资金的盈余方向需求方的转移,经济主体凭借信用关系,在自身拥有少量资本的情况下,可以充分利用杠杆原理,通过金融杠杆筹集资金完成各类投资、消费等经济活动。因此,在现代经济中,债务杠杆不仅成为联系金融体系与实体经济发展的重要环节,同时也反映了金融推动实体经济迅速发展的作用机制,合理运用债务杠杆对于企业部门增加投资扩大生产规模、家庭部门消费升级具有较好的促进作用。事实也证明，根据经济发展的具体情况，合理增加债务杠杆，有效利用债务杠杆已经成为推动经济迅速发展的重要环节，但在经济体系中，过高的债务杠杆容易集聚资产泡沫，导致经济金融风险整体上升。美国次贷危机爆发伊始，西方国家便认识到金融创新、金融衍生品的杠杆交易以及由此产生的高速信用扩张，是此次危机爆发的根源。《美国金融危机调查报告》（2012）指出，房地产市场危机的影响迅速通过不透明的金融工具网，以及具有诸多内生问题的商业惯例（如过度杠杆和对短期债务的过分依赖）传遍全国，投资者发现，他们尚未偿付的银行贷款已经超过了其房产的价值，资产价格下跌使得抵押品价值下跌，从而造成信贷可获得性的进一步下降，流动性日渐枯竭，违约行为通过信用链条迅速传遍金融体系。2009年纽约联邦储备银行（FRBNY）发布了《影子银行系统：对金融监管的启示》的研究报告，其核心内容在于指出了高杠杆会引发金融系统的脆弱性。

自2008年全球金融危机以来，为摆脱金融危机的影响，迅速走出发展困境，诸多国家实施了宽松的货币政策和财政政策，使得债务余额占GDP的比重迅速上升，高杠杆风险成为全球经济需要面对的重要问题，也使得后续债务杠杆受到各国学者的广泛关注。金融危机爆发后，随着我国债务杠杆率的一路攀升，国内外众多学者围绕中国债务杠杆数量、运行机制、存在问题、宏观经济效应、政策措施等方面展开了广泛的研究。

当今世界正处于百年未有之大变局，发达国家和发展中国家在国际分工体系中的地位、角色发生了重大的转变，新兴经济体和发展中国家在世界经济中占据越来越大的份额，世界经济重心逐步向亚太地区转移。在目前全球经济变革之下，中国经济面临着前所未有的挑战。其中，持续攀升的债务杠杆问题已成为社会各界关注的焦点，成为影响中国经济实现高质量发展的重要因素。

回顾历史，第二次世界大战后，西方国家不断加强宏观调控，逐步加强对金融的宏观监管，这一阶段，西方国家经济实现了快速增长。直到20世纪70年代，西方国家出现了"滞胀"问题，面对经济停滞与物价上涨共存的经济现象，新自由主义经济学家主张实施自由放任的政策。20世纪70年代后期，资产证券化业务逐渐兴起，资产证券化业务有助于提升金融资产的配置效率，债务杠杆开始进入人们的视野；80年代，随着金融自由化程度的不断提高，资产证券化业务迅速发展，再加上现代信息技术的持续推进，带动整个经济体的债务杠杆水平迅速提升。

美国金融危机之后，美国的金融经济遭受了严重的冲击，危机通过各种渠道迅速传播扩散，对全球的经济发展产生了严重的负面影响。为了尽快摆脱经济衰退，各国政府运用各种宏观经济政策加大力度刺激经济发展，短期内经济衰退的局面得到了一定程度的减缓，但同时也导致政府部门以及企业部门的负债大幅增加，债务总杠杆率急速攀升。2008年，为摆脱外围经济危机的影响，我国政府紧急出台了"四万亿"的投资刺激计划，使得经济发展迅速实现了复苏，但同时也导致各部门尤其是地方政府部门债务杠杆率水平显著上升，不利于经济的长期持续平稳发展。2008年之前，以美国为代表的发达经济体债务杠杆率增速较快，而2008年以后，反而是以中国为代表的新兴经济体国家债务杠杆率迅速攀升。

2008年金融危机后，由于金融体系过度杠杆化，导致各国实体经济陷入了衰退。债务杠杆率高企已经成为影响各国经济发展与金融稳定的重要因素。具体来看，金融危机后，我国债务杠杆率迅速攀升，2008年，中国债务总杠杆率仅为139%，远低于英国的239.8%、日本的316%、美国的240.1%；而在2019年，中国债务总杠杆率迅速上升为257.6%，提高了118.6个百分点，低于日本的382.3%，与英国（265.5%）、美国（253.6%）的债务总杠杆率基本持平。分部门来看，与世界主要经济体相比，我国国有企业债务问题突出，地方隐性债务值得关注；相比较而言，居民部门债务杠杆率较为平稳。长久以来，我国信贷资金的错配问题不利于我国经济高质量发展。通过债务杠杆的优化调整，解决债务杠杆率高企的问题，对推动我国经济转型，实现高质量发展尤为重要。

近年来，我国债务杠杆带动资产价格迅速攀升，场外配资、融资融券、影子银行等多种杠杆资金大量进入股市，撬动股票价格快速上涨，股票市值在短期内迅速膨胀，引发了整个金融市场的强烈震荡；股票、基金、金融期货期权等金融工具的资产价格泡沫已然成为我国系统性金融风险的重要关注点。基于我国金融业发展情况，从个人住房贷款激增到房价暴涨，再到金融同业代持业务规模扩张，包括近年来各种金融风险事件的频繁爆发等，严重影响了我国宏观经济金融稳定。为应对债务杠杆水平不断攀升，极有可能给我国经济带来潜在的风险，在2015年12月的中央经济工作会议上，党中央、国务院提出将"去产能、去库存、去杠杆、降成本、补短板"确定为我国未来重要的改革任务。自2015年以来，我国政府先后出台了多项政策调控措施，但全社会债务杠杆率仍居高不下，继2018年出现小幅下降后，2019年再度攀升，由于2019年以来严峻的国际形势以及2020年新冠疫情的影响，在经济下行和银行信贷增加的交叉影响下，宏观杠杆率有所反弹，这其实也说明，债务杠杆调整需要在"防风险"与"稳增长"宏观经济目标之间进行权衡。中国人民银行发布的《中国金融稳定报告（2020）》显示，2019年末，我国宏观杠杆率为254.4%，较2018年上升约5个百分点。但总体来看，比2008~2016年年均大约10个百分点的涨幅呈现明显的下降趋势，宏观杠杆率过快增长的势头得到有效的遏制。

2016~2017年，我国诸多城市房地产价格快速上涨，在较短时期内，许多城市的房价快速实现了翻倍，在"国十二条"等宏观政策调控下，房价依然保持持续上升。房价上涨过快、高杠杆投资这些高风险事件在一定程度上都是基于债务杠杆的推动而发生的，高债务杠杆就成为当时我国经济发展的重要关注点。债务杠杆的动态变化对宏观经济与微观主体都起着至关重要的作用，债务杠杆率的变动在一定程度上反映了货币金融体系的波动，债务杠杆率过高，需要政府有效控制债务杠杆率，维护经济金融稳定发展。在这种形势下，厘清债务杠杆率的形成原因、演进过程与现状结构，在统一的研究框架下，深入分析债务杠杆与经济增长、债务杠杆与经济波动、债务杠杆与金融稳定的影响机制、动态关系、差异性影响，探讨债务杠杆结构性调整的路径举措，有助于经济迅速复苏，持续推进高质量发展。

1.1.2 研究意义

债务杠杆率的结构性调控是金融风险防范的关键环节和切入点。本书分别基于横向、纵向角度，分析我国债务杠杆率的现状结构、历史演变，系统分析结构性去杠杆背后的深层次原因和内在逻辑机理，探讨债务杠杆与经济增长、债务杠杆与经济波动、债务杠杆与金融稳定的关系，具有较好的理论意义和实践价值。

理论意义：第一，有助于丰富债务杠杆调控的理论研究。近年来，债务杠杆问题作为学术界关注和研究的热点领域，相关研究从不同角度展开，内容较为丰富，但理论体系较为分散，仍未形成完整的理论研究体系。在新一轮全球债务扩张的背景下，本书系统地分析主要发达经济体宏观债务杠杆的演变规律，总结各国宏观债务杠杆的调控经验和降杠杆策略。同时，基于我国宏观杠杆率的结构差异特征，分析不同的降杠杆策略在我国的适用性和作用效果，多角度寻找我国债务杠杆攀升的根源。本书选择债务杠杆作为研究对象，横向、纵向比较债务杠杆的现状以及结构，研究债务杠杆的宏观经济效应，可以为债务杠杆率相关政策调整提供一定的依据。第二，本书从债务总杠杆和分部门债务杠杆角度出发，分析债务杠杆对经济增长、经济波动、金融稳定的影响机制，有助于为后期债务杠杆宏观调控政策制定提供新的角度和切入点。第三，有助于更有针对性地调节、完善宏观经济运行机制。众所周知，债务杠杆是金融体系和实体经济的纽带，是联系金融与实体经济的重要环节，债务杠杆在推动经济增长的过程中，也会对经济波动和金融稳定产生影响，这几个宏观经济变量之间的关系环环相扣，要全面、系统地认识债务杠杆在宏观经济中的作用机制，需要从金融和经济等多角度切入研究、系统分析探讨。

实践价值：从当前经济发展形势来看，我国经济发展不仅要面对经济结构调整、新旧动能转换过程面临的压力，而且还要应对复杂形势下系统性金融风险的累积、扩散以及金融不稳定对经济造成的消极影响。进一步明确债务杠杆的现状结构与宏观经济效应，有助于下一步我国债务杠杆的优化调整，找准调整的着力点和关键点。当前，随着债务杠杆率的提高，经济体系中金融风险依然不断累积。为此，中央政府高度重视债务杠杆问题。2011 年起，货币供应量明显收紧，金融监管逐渐加强。2015 年底，中央经济工作会议明确提出"三去一降一补"五大经济任务，持续推动供给侧结构性改革。2017 年 12 月召开的中央经济工作会议，明确提出将防范化解重大风险作为未来 3 年我国经济工作的三大攻坚战之一，而防控系统性金融风险则是我国打好防范化解重大风险攻坚战的核心。而究其背后深层次的原因，都离不开杠杆作用的推动。防范化解重大风险、守住不发生系统性金融风险的底线，就需要有效控制宏观杠杆率。在"稳增长"与"防风险"的总体经济发展战略目标下，去杠杆政策既是推进供给侧结构性改革、促进经济可持续健康发展的核心内容，同时也是防范金融风险、维护金融稳定的重要内容。2018

年，中央财经委员会首次提出"结构性去杠杆"及"结构性去杠杆"的基本思路，将降低国有企业资产负债率列为重点，为后期精准调控宏观杠杆率、"防范化解系统性金融风险"奠定了基础。过高的金融杠杆率成为中国经济高质量发展进程中面临的重要挑战之一。我国通过财政政策、货币政策，包括从产业角度、政府部门债务治理以及国有企业改革等诸多渠道展开了多角度综合调控。宏观杠杆率增速得到了较为明显的控制，但是由于我国经济体债务存量较大，宏观杠杆率仍然保持在较高位置。在这样的大背景下，需要科学理解债务杠杆率的内在逻辑及背后的潜在影响机制，通过适度合理的债务杠杆率调控措施来应对经济中出现的系统性风险，尽可能避免债务杠杆率调控政策出现偏离。

从当前经济发展的实际情况看，我国既面临着结构调整与新旧动能转换过程中经济增速下滑的压力，同时也面临着金融风险集聚的潜在威胁。实现对我国债务杠杆有效调控的前提条件是正确地认识我国的债务问题。我国的宏观债务杠杆呈现什么样的发展趋势？我国的债务风险具有什么特点？这些都要分析清楚。事实上，我国各部门债务杠杆存在以下明显差异：其一，非金融企业部门杠杆在我国总债务中比重最高、增速最快，构成实体经济债务的主要部分；其二，政府部门杠杆虽然维持在相对较低水平，但地方政府存在规模庞大的隐性债务，如果考虑这一点，地方政府债务也不容小觑；其三，居民部门债务杠杆近些年也出现快速上升，并且与房价波动存在密切联系。结合各部门杠杆波动的特点，对我国债务风险进行综合分析，也是本书的重要研究内容之一。通过纵向、横向剖析我国宏观债务杠杆率持续攀升的作用机制，对宏观债务杠杆率及分部门债务杠杆率对我国经济增长、经济波动以及金融稳定的影响机制进行深层次分析、系统研究，将有助于我国政府深层次把控宏观债务杠杆率及分部门债务杠杆率对我国经济增长、经济波动以及金融稳定的影响机制，有助于持续推进债务杠杆率的结构优化和动态调整。

美国、日本两大发达经济体去杠杆的历史经验表明，一国的金融体系不同，去杠杆政策对经济的影响就存在较大的差异。20世纪90年代，去杠杆政策给日本经济增长带来了长期的负面影响，不利于经济金融的快速恢复。2008年次贷危机后，美国同样也经历了去杠杆过程，出现了信贷紧缩、资金链断裂、流动性囤积等问题，但与日本不同的是，美国经济在短暂的衰退之后逐渐恢复发展。美国和日本两大发达经济体，具有不同的金融体系和金融发展水平。事实上，研究债务杠杆率对宏观经济及金融稳定的影响，有必要专门从金融发展的视角进行针对性的分析。

立足于金融发展的视角，本书基于金融规模、金融效率、金融结构三个维度实证研究债务总杠杆率和分部门债务杠杆率对经济增长、经济波动的影响，为后期债务杠杆率调控政策的制定和调控方向把握提供有力的科学依据。

1.2 研究思路与方法

1.2.1 研究思路

2008年美国金融危机过后，各国学者从理论层面和政策层面对债务杠杆率问题展开多角度的讨论和验证，梳理相关文献发现存在两方面的共识：第一，杠杆率和经济增长存在非线性关系；第二，债务杠杆率的调控政策要兼顾经济增长。接下来应该从理论上厘清：债务总杠杆率、分部门债务杠杆率对经济增长、经济波动与金融稳定的理论逻辑是什么？实证研究不同国家债务总杠杆率、分部门杠杆率与经济增长、经济波动、金融稳定的动态关系是否存在一致,还是存在明显的结构性、时期性差异?金融发展如何影响这种关系?这既是本书的研究目标,同时也是各章节要具体研究落实的内容。

在此,围绕上述研究目标,遵循"文献梳理—理论分析—现状与结构分析—实证检验—政策推进"的研究思路,明确全书的选题背景、研究意义、主要内容及研究方法。理论分析中,首先,界定债务杠杆的内涵、测算指标以及相关理论基础,梳理债务杠杆与经济增长、债务杠杆与经济波动、债务杠杆与金融风险、债务杠杆与宏观经济政策的相关文献。其次,研究债务杠杆与经济增长、债务杠杆与经济波动以及债务杠杆影响宏观金融稳定的理论机制,为实证研究奠定理论基础。在实证检验中,从债务杠杆发展的多重视角出发,实证检验债务杠杆对经济增长、对经济波动、对金融稳定的影响,并探讨其作用机制、调节效应与异质性影响。最后,在理论机制分析和实证检验的基础上,提出债务杠杆率调控优化的政策建议。

总体来讲,我国债务总杠杆率接近部分发达国家的水平,从杠杆结构来看,三部门杠杆率的发展并不均衡,非金融企业杠杆率占据主要地位,是宏观经济去杠杆的首要关键点,但这也并不代表另外两个部门的杠杆率水平合理,由于统计标准不同以及居民实际收入低、政府隐性债务隐蔽复杂等问题的存在,加上我国经济处于新常态时期,债务杠杆率政策调整,所需面对的主观因素和客观约束与发达国家不尽相同。因此,后期我们需要因时、因地制宜,在总结发达国家债务杠杆率调控经验和不足之处的基础上,总结出符合中国国情的债务杠杆率优化调整对策。

目前,中国结构性去杠杆工作已取得积极进展,经济增长动能趋于回升,债务风险有所下降。但是,整体的债务杠杆率仍然较高,防控金融风险的难度依然较大,加之全球经济环境的不稳定,去杠杆工作面临着外部环境的极大不确定性与潜在风险。

1.2.2　研究方法

本书研究所使用的方法具体如下：

1.2.2.1　文献研究法

尽可能全面梳理与本书主题相关的文献，最大程度掌握关于债务杠杆的相关研究，学习前沿理论和研究方法，研究中充分借助图书馆、CNKI 等国内外专业数据库资源，广泛收集与本书相关的国内外文献，汇总形成较为丰富的基础研究资料。经过认真、细致分析，对债务杠杆问题形成了比较全面的认知，为后续研究工作打下了坚实基础。总结相关学者的研究观点和分析思路，形成本书的研究目标、研究内容与研究框架。围绕研究目标，对相关文献进行提炼、总结。

1.2.2.2　归纳和演绎分析方法

本书研究的主要目的在于系统分析债务杠杆的宏观经济效应，即分析债务杠杆与经济增长、债务杠杆与经济波动、债务杠杆与金融稳定之间的动态关系，而对于这一研究目的，需要从经济发展的现实出发，掌握债务杠杆率发展的现状、基本情况。因此，本书通过归纳的分析方法掌握债务杠杆率的发展现状、结构、演变特征等，在归纳分析的基础上结合相关理论基础进行抽象演绎，将普遍存在的事实演化到理论层面，最终使得本书的主要结论具有普遍性。

1.2.2.3　理论分析方法

经济运行中，提高杠杆率有助于增加消费和投资，促进经济增长，但杠杆率攀升过快、过高又极其容易引起流动性危机、资产价格泡沫等问题，引发经济金融运行的不稳定。2008 年金融危机后，我国债务杠杆率迅速攀升，而宏观经济增长却进入了新常态时期，面临着增长速度换挡期、结构调整阵痛期和前期刺激政策消化期三期叠加的挑战。在"稳增长"与"防风险"的总体发展目标下，本书围绕债务杠杆问题，以凯恩斯主义与高杠杆的形成为出发点，以债务杠杆相关的债务—通货紧缩理论、金融不稳定假说、信贷约束机制理论、金融加速器理论、信贷周期理论等经典理论为理论基础，分析债务杠杆影响经济增长、经济波动的理论机理以及对债务杠杆如何影响金融稳定进行了系统分析。

1.2.2.4　实证研究方法

对比主要经济体债务总杠杆率及分部门债务杠杆率，分析我国实体经济债务杠杆率的发展现状、结构特征以及分部门债务杠杆率的结构演变，分析债务杠杆率结构变化与经济转型背离的深层次原因。运用全球 43 个国家（地区）1995~2019 年的跨国面板数据，利用固定效应面板模型、门槛面板模型等，实证研究债务杠杆的经济增长效应，从金融规模、效率、结构三个维度验证债务总杠杆对经济增长的影响发现，债务总杠杆不仅与金融发展相关，且呈现显著的门槛效应；进一步研究分部门债务杠杆率对经济增长的差异影响。对债务杠杆的经济波动效应进行了实证研究，得出不同金融发展环境下债务杠杆对经济波动影响的门槛效应以及分部门债务杠杆对经济波动的影响。基于风险累积与扩散的视角，从债务总杠杆与分部门债务杠杆两方面研究了债务杠杆对金融稳定的影响，为促进金融风险防范与经济增长提供了佐证。

1.2.2.5　比较研究方法

运用比较研究法，对比中国、美国、日本、英国、印度、澳大利亚 6 个国家的债务杠杆数据，分析债务杠杆的现状及发展趋势，从横向、纵向两方面进行比较，有助于明确我国债务杠杆的现状及结构特征；在分析债务杠杆与经济增长、经济波动的效应时，比较了不同金融发展环境下债务杠杆的门槛效应特征。

1.3 研究内容与框架

1.3.1 研究内容

本书主要研究债务杠杆的宏观经济效应。王虎邦（2018）认为，宏观经济效应包括债务杠杆对一国国民收入、经济运行的影响，通过影响总供给、总需求，对经济增长、经济运行的稳定性产生影响。本书的宏观经济效应主要从债务杠杆与经济增长、债务杠杆与经济波动、债务杠杆与金融稳定三方面出发，基于理论层面进行分析，在实证层面给予实证、检验，进而探讨债务杠杆率结构性调整的政策建议，本书共分为八章，各章内容如下：

第1章：导论。介绍本书的研究背景及研究意义、研究内容与研究框架，明确所需的研究方法及创新之处。

第2章：理论基础与文献综述。本书围绕以下几方面梳理文献：首先，债务杠杆的相关理论基础，主要包括债务—通货紧缩理论、信贷约束机制理论、金融不稳定假说、金融加速器理论、信贷周期理论等；其次，系统梳理了债务杠杆率的概念界定及测算指标、债务杠杆与经济增长、债务杠杆与经济波动、债务杠杆与金融风险、债务杠杆与宏观经济政策的相关文献，通过对相关文献进行回顾、整理、述评，确定了可行的研究思路及主要研究内容。

第3章：债务杠杆宏观经济效应的理论分析。本章以凯恩斯主义与高杠杆的形成作为研究的出发点，分析债务杠杆影响经济增长的理论机制，同时对债务杠杆影响经济波动的理论机制进行分析。基于债务杠杆变化与局部金融风险累积、风险传导与宏观金融稳定、风险暴露与金融危机分析债务杠杆影响金融稳定的理论机理。

第 4 章：债务杠杆率的横向比较及我国杠杆率现状结构分析。通过对比中国、美国、日本、英国、印度、澳大利亚 6 个国家的债务杠杆数据，对比典型国家的债务杠杆率现状，分析我国债务总杠杆率和分部门债务杠杆率的发展演进过程及现状结构，在此基础上，对我国杠杆率结构失衡与经济转型背离的深层次原因进行分析。

第 5 章：债务杠杆与经济增长的实证研究。本章在债务杠杆影响经济增长理论分析的基础上，运用 1995~2019 年全球 43 个国家（地区）的跨国面板数据对债务杠杆的经济增长效应进行实证分析，基于金融规模、金融效率、金融结构三个维度，验证债务总杠杆对经济增长的影响呈现显著的门槛效应。在此基础上，从分部门债务杠杆率角度出发，研究不同部门债务杠杆率对经济增长的差异影响。

第 6 章：债务杠杆与经济波动的实证研究。运用全球 43 个国家（地区）的跨国面板数据，对债务杠杆的经济波动效应进行了实证分析，在此基础上验证不同金融发展环境下，债务总杠杆对经济波动的影响的门槛效应，并研究分部门债务杠杆对经济波动的影响。

第 7 章：债务杠杆与金融稳定的实证研究。本章基于债务杠杆的视角，分别从债务总杠杆率和分部门债务杠杆率角度出发，实证检验债务杠杆对金融稳定的影响。基于不同收入国家（地区）分组和不同金融结构类型国家（地区）分组回归，对金融稳定进行异质性检验。

第 8 章：主要结论与债务杠杆结构性调整的对策建议。总结全书，本章从债务杠杆的经济增长效应、债务杠杆的经济波动效应、债务杠杆的金融稳定效应三个方面给出研究的主要结论，并从货币政策保持稳健中性，加大结构性货币政策的实施力度；分部门加强债务杠杆风险预警，防范系统性金融风险；加强过剩产能化解，优化实体经济部门债务杠杆率；优化调整金融环境，提升资本的产出效率；结构性去杠杆仍然很有必要，多方举措防止经济大幅波动等方面提出债务杠杆率优化调整的政策建议。同时，总结了本书的研究不足与未来展望。

1.3.2　研究框架

通过前期的文献述评，结合全书内容，制定了本书的研究框架，具体如图 1-1 所示。

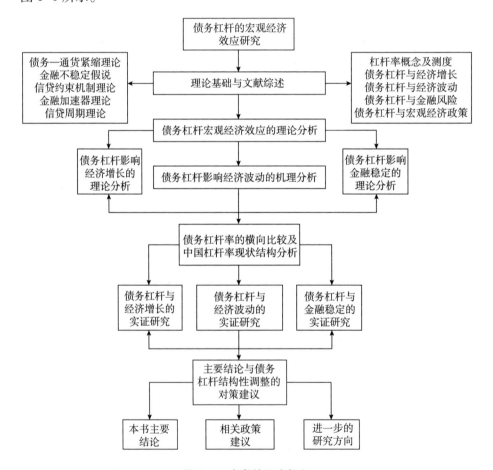

图 1-1　本书的研究框架

1.4　本书可能的创新之处

本书围绕债务杠杆，重点从债务杠杆与经济增长、债务杠杆与经济波动、债务杠杆与金融稳定三个方面分析了我国债务杠杆的宏观经济效应。结合已有研究，本书可能的创新之处如下：

第一，在前期相关文献基础上，尝试构建了债务杠杆与经济增长、债务杠杆与经济波动、债务杠杆与金融稳定的理论分析框架，系统研究债务杠杆宏观经济效应的理论机理。

第二，本书重点比较主要经济体债务总杠杆率及分部门债务杠杆率，分析中国实体经济债务杠杆率的发展现状、结构特征以及分部门债务杠杆率的结构演变，解析债务杠杆率结构与经济转型背离的深层次原因。同时，本书运用全球 43 个国家（地区）1995~2019 年的跨国面板数据，利用固定效应面板模型和门槛面板模型，实证债务杠杆的经济增长效应；在此基础上，进一步研究分部门债务杠杆率对经济增长的差异影响。同时，对债务杠杆的经济波动效应进行了实证分析，得出了不同金融发展环境下债务杠杆对经济波动影响的门槛效应以及分部门债务杠杆对经济波动的差异影响。另外，基于风险累积与扩散的角度，从债务总杠杆与分部门债务杠杆两方面研究了债务杠杆对金融稳定的影响。

第三，本书将债务总杠杆率与分部门债务杠杆率纳入同一个分析框架，研究债务杠杆与经济增长、经济波动、金融稳定的差异性和时变性影响。基于债务总杠杆和分部门债务杠杆角度，系统分析债务杠杆与经济增长、债务杠杆与经济波动、债务杠杆与金融稳定的差异影响，据此为债务杠杆率的结构性优化调整政策制定提供了支撑和依据。

第 2 章　理论基础与文献综述

2.1　理论基础

2.1.1　债务—通货紧缩理论

欧文·费雪（Lrving Fisher）于 1933 年结合商业周期，对经济大萧条的原因进行了分析，提出了债务—通货紧缩理论，研究过度负债与通货紧缩的传导。欧文·费雪认为过度负债和通货紧缩相互作用，引发了信贷的扩张和收缩，导致经济的周期性波动。该理论以费雪方程式为基础，计算公式如下：

$$PT = MV \text{ 或 } P = MV/T \tag{2-1}$$

式（2-1）中，P 为一般物价水平，V 为货币流通速度，T 为产品和服务的交易数量，M 为流通中的货币数量。假定市场最初是均衡的，经济繁荣时期，经济体系中的新技术、新手段的广泛运用，促进经济中的许多部门预期利润增加，基于预期利润的上涨，企业会不断增加投资的数量和力度，导致银行体系的货币信贷量大幅增加，债务规模迅速扩大，在经济发展前景乐观预期的推动下，信贷和债务扩张，当过度投资超过某一临界点时，经济中突发的意外事件可能改变经济主体的预期，导致企业盈利减少。为了及时偿还之前的债务，投资者通过出售资产偿还信贷，加上经济下行，出于流动性考虑，债务人可能降价出售自身资产，商品价格下降，债务和经济下行导致通货紧缩。总体来看，随着企业债务的逐步积累，在达到一定水平时，企业会被迫减少投资以及缩小生产规模，与此同时为了及时偿还之前的债务，企业也会大量低价抛售资产，用来偿还债务本金和利息，致使资产价格不断下跌，企业实际的债务负担加重，最终可能陷入债务通缩的循环当中。

欧文·费雪认为影响经济波动最重要的因素是债务和物价，其他变量的变动取决于价格水平的下降，过度负债导致经济由盛转衰。如果企业过度负债没有导致价格水平持续下降，上述的循环反馈过程可能就会中断。运用扩张性的货币政策阻止价格水平的持续下降，是促使经济摆脱萧条的有力措施，通过货币政策扩张，提高货币的流通速度，增加流通中的货币量，促使价格水平逐步趋于稳定，经济逐步走出衰退，转向复苏。债务—通货紧缩理论在市场经济周期理论的基础上，通过分析债务与通货紧缩之间的相互作用关系解释了经济危机的形成机制和内在传导机理，同时也反映出在债务与通货紧缩的恶性循环中，实施宽松货币政策来抑制价格水平的持续下降趋势，是摆脱经济萧条的重要措施。但该理论没有对债务融资过程、价格水平变动以及市场经济主体的预期等问题进行深入分析，忽视了价格水平下降对于居民消费的影响。

2.1.2 金融不稳定假说

海曼·明斯基（Hyman P. Minsky）于 1963 年提出金融不稳定假说，指出为投资进行融资是经济不稳定的重要来源。该假说突破了理性经济人和信息完备性等基本假设，吸收凯恩斯主义的经济系统不稳定性的观点，主要从微观视角分析了借款人的个性特征、金融体系中商业银行的信用创造机制以及金融内在的不稳定。

融资结构的不稳定可能导致经济出现波动，根据经济主体的运营现金流—债务关系和债务人的预期收入划分，经济体系中存在三类典型的借款人：第一类借款人，属于抵补型借款人，这类借款人的抗冲击能力比较强，经营效益较好，几乎不存在任何的违约风险。第二类借款人的不稳定性逐步增强，属于投机型借款人，这类型借款人的经营状况从当前情况看还比较正常，但投资后期可能会出现无力偿还本金，需要借新债还旧债，甚至靠出售资产才能偿付过去借贷的本金的情况。第三类借款人则属于庞氏型借款人，庞氏型借款人运营现金不足以偿还债务本息，需要重新借债才能履约。这类借款人对抗冲击的能力基本为零，运行中只能通过出售手中的资产或增加新债务的方式来偿还到期债务的本息，一旦遭遇变故极有可能面临破产，庞氏型融资存在大量的不确定性。庞氏融资，债务持续主要基于未来资产价格能够继续上涨，如果出现资产泡沫突然破灭，庞氏融资极有可能出现大量的债务违约。经济体系中，投机性融资、庞氏融资作为主体促使债务杠杆迅速提高，无形中加大了金融体系的不稳定性，当债务不断扩张时，经济体自身难以维系，货币政策出现紧缩，经济体的实际债务负担不断加重，面临的金融风险加剧，导致债务链条断裂，触发"明斯基时刻"，如图 2-1 所示。

海曼·明斯基重点分析了投资的融资结构发展演变及其对经济金融不稳定的影响，逐利本性使得资本主义经济容易出现投机，融资结构从对冲性融资占主导，向投机性和庞氏融资占主导转变。如果经济状况好转、复苏，基于未来的乐观预期，经济主体愿意增加融资，导致经济主体的债务总量会迅

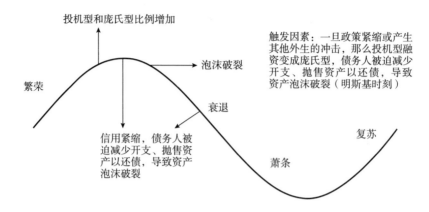

投机型和庞氏型比例增加

触发因素：一旦政策紧缩或产生其他外生的冲击，那么投机型融资变成庞氏型，债务人被迫减少开支、抛售资产以还债，导致资产泡沫破裂（明斯基时刻）

繁荣

泡沫破裂

衰退

复苏

信用紧缩，债务人被迫减少开支、抛售资产以还债，导致资产泡沫破裂

萧条

图2-1　信用的演化周期与"明斯基时刻"的触发

速提升，一旦遭遇负面的冲击，高负债企业无法维持企业的正常运转，极有可能引发通货紧缩。因此，债务融资的不稳定是金融体系脆弱的根源。

海曼·明斯基结合了凯恩斯主义的基本观点和政策主张，形成了金融不稳定假说。经济周期具有代际遗忘的特点，当经济逐步走出危机，经济发展前景变好使得经济主体风险偏好上升，忽视资产价格持续上涨，继续加大投资时，可能引起下一次危机。海曼·明斯基从总量角度阐述了信用周期的内在机制，认为在经济运行中政府需要采取干预措施，尤其是在经济不景气阶段，中央银行要通过货币政策积极注入流动性，缓解经济体系中的资金紧张局面，防止资产价格出现大幅波动。同时，政府要运用财政赤字政策，加大政府购买力度，增加政府投资，对低收入者增加转移支付，两类政策协同作用，或者配合增加流通中的货币供给，来缓解经济不景气导致的流动性紧张问题，防止资产价格暴跌和经济出现周期性波动，维护金融稳定。

2.1.3　信贷约束机制理论

在信贷约束机制中，市场存在的不确定性会影响资产价格，导致抵押品价值变动，影响企业的信贷融资，形成信贷约束。由于信贷约束的存在，企业的生产经营活动受到较大的影响。经济扩张时，物价上涨，经济体系中投资增加，信贷融资需求上升。当经济过度繁荣，政府基于经济运行状况紧缩银根，导致经济体系中投资、消费减少，经济增长速度下降。伯南克等（1999）认为由于信息不对称，借款人在信贷过程中需要付出信息获取成本，这与借款人的财富情况负相关。经济上升阶段，经济中的产出增加，融资成本和难度下降，推动投资增加和经济增长；经济下行，借款人净财富较少，融资成本大大增加，就会抑制投资和消费增加，不利于促进经济增长，即具有金融加速器（Financial Accelerator）效应。

有学者强调资产价格对信贷的影响，提出直接抵押贷款约束机制，认为在金融市场上，经济主体具备的抵押资产价值越大，越容易获得贷款，金融市场上，资产价格直接影响借款者取得资金的能力和抵押资产的价值，肯定了资产价格对信贷约束的影响，然而，外生信贷约束机制忽略了信贷活动中金融机构的作用。金融危机之后，学者们充分认识到金融机构的重要影响，探讨金融机构在经济金融运行中的内在机制，诸多学者将金融机构作为独立的部门放到经济分析中，纳入 DSGE 模型，通过分析认为金融体系中的金融部门自身即可实现信贷约束机制的内生化。

2.1.4　金融加速器理论

金融不稳定理论系统分析了融资模式的转化，对金融危机形成的传导机制进行了验证，但其论证过程缺少微观方面的验证，伯南克的金融加速器理论将金融因素纳入生产函数，对此进行了补充。该理论经过系统分析，认为企业净值增加了代理成本，通过影响举债主体，放大了经济波动，因此，被称为金融加速器。

海曼·明斯基的金融不稳定假说分析了债务融资的结构变化对金融稳定性的影响。信贷市场存在摩擦，不完全信息的存在使得银行体系获取企业项目的信息需要付出的成本较高，企业是否可以顺利取得贷款取决于自身的资产负债状况。融资溢价、融资杠杆系数均受到资本市场的影响，与资本市场同方向波动，促进企业资本需求增加，形成杠杆效应的放大机制。基于信息不对称，伯南克等（1996）将金融市场纳入真实经济周期模型，证明银行信贷放大了经济波动。金融加速因子基于信息不对称这一分析框架，将信息不对称引发的逆向选择、道德风险，具体化为资产净值对信贷中介成本的影响。金融加速器效应表明，信用市场的恶化具体表现为资不抵债和破产企业急剧增加、真实债务负担增加、资产价格崩溃、银行体系危机等，这些不仅仅是真实经济活动下滑的简单被动反应，其本身就是导致经济衰退甚至是萧条的主要驱动因素。

2.1.5　信贷周期理论

在现代经济中，贷款是企业资金的重要来源，房地产企业作为借贷的主体，导致杠杆周期、信贷周期与房地产周期相互影响。金融体系中，商业银行为经济主体提供存款、贷款业务，由于存在信息的不对称等现象，基于稳健经营、资金安全的角度，商业银行通常会要求贷款人提供抵押品作为担保，而土地和房产等不动产被商业银行广泛接受，而且房地产的价值会直接影响银行的贷款额度，信贷周期和房地产周期互相强化，促使房价和信贷二者螺旋式上升；当然，二者也会产生负向影响，房地产价格下跌直接导致抵押品价值缩水，金融信贷对经济周期运行影响显著。

金融不稳定的核心在于信贷供给能力无限与缺乏弹性约束的相互作用。与经济周期一样，加杠杆与去杠杆循环往复，构成了杠杆周期。杠杆周期的存在加剧了经济周期的波动，杠杆率周期一般基于创新、技术突破等重大事件，这些创新会促进经济增速提高和总产量增加。随着技术创新的不断发展，创新带来的利润会逐步下降，影响经济主体的杠杆率增加，债务承受能力下降，一旦信贷过程中某一环节出现影响，将可能引致经济危机的发生。

经济增长和杠杆率之间存在正反馈，即使是温和的去杠杆也会对经济复苏带来冲击，去杠杆与稳增长存在两难的困局。历史经验也充分表明，作为防风险重要手段的"去杠杆"常伴随着经济增速的放缓，甚至会出现流动性紧缺，引致金融系统风险。与此同时，好的"去杠杆"策略则能促进经济金融经历短暂的阵痛后，实现转型升级。

2.2　文献综述

2.2.1　杠杆率概念及测度的文献综述

2008 年美国次贷危机给全球经济发展带来了深远影响，也引发了社会各界对加强金融系统监管，防范化解经济体债务风险的重视和系统思考。因此，测算各经济体的债务量以及债务结构，评价债务的可持续性成为各国政府和货币政策执行机构施行宏观审慎以及逆周期调控的基础，宏观杠杆率指标由此而生。宏观杠杆率作为衡量经济体债务风险的重要指标，该概念在 2008 年全球金融危机之后得到广泛运用。

Dalio（2014）认为宏观杠杆率可以用债务余额与国民收入之比来衡量，它是衡量一个经济体金融稳定性的重要指标，高的债务水平意味着每年全社会的利息支付和本金偿付的压力更大，一旦经济增长出现波动，则容易引发债务危机。实体经济债务杠杆率一般是由企业部门、政府部门和居民部门的杠杆率加总得到，通常用于衡量经济运行中的债务风险和债务负担。2008 年金融危机以来，诸多学者、机构尝试从资产负债的角度对我国国家、地区及分部门资产负债表进行编制（马俊等，2012；李扬等，2012），由于统计口径等原因，各方对宏观资产负债率的测算结果虽趋于一致，但仍有分歧。从横向国际比较的角度看，宏观杠杆率用负债与国民收入总值的比率衡量（Dalio，2014），国内学者研究时，通常将分母换成国内生产总值（GDP），通过债务余额/GDP 测算宏观杠杆率，可以较好地反映债务的可持续性（李扬等，2015）。此外，IMF、BIS 等国际权威机构也更多地采用这一测算方法，以便对各个经济体的宏观杠杆率进行横向比较研究。这样做的优势是方便国际比较，不足之处是债务总额估算存在较大的难度和争议。介于在宏观层面测算经济体资本存量的复杂性，且结果易受多种因素影响，大部分研究均以GDP（收入）为标准判别经济体的债务风险，其中最常用的指标是债务收入比（信贷收入比），即用债务存量/GDP 表示宏观杠杆率。

债务存量/GDP（或信贷/GDP）成为当前最常用的宏观杠杆率指标，并被 BIS、世界银行、各国中央银行等主要金融监管机构和跨国公司所采用。BIS 基于该指标构建了发达国家和主要发展中国家的宏观杠杆率季度数据库。IMF 构建了涵盖 170 多个经济体的政府部门杠杆和企业部门杠杆指标数据（IMF，2015）。国际比较研究中，麦肯锡的研究报告也基于债务存量/GDP 指标，系统地测算和分析了全球和主要经济体宏观杠杆率的演变过程，并总结部分国家降杠杆的历史经验。中国人民银行杠杆率研究课题组（2014）也利用债务存量/GDP 指标分别测算了我国总体宏观杠杆率以及具体分部门的杠杆率。

基于数据的可得性，也有研究将货币供给与 GDP 的关系作为反映经济杠杆的指标，将宏观杠杆率定义为广义货币供应量/GDP 或者社会融资规模/GDP。其中，前者源于金融发展理论中的 M2/GDP 指标，其经济意义是以货币为媒介的交易在所有经济活动中的比重，最初用于分析和比较各经济体的经济金融化程度或者经济货币化程度（McKinnon，1973）。金融危机以来，许多国家实施了过度宽松的货币政策，货币超发问题日益突出，全球债务风险持续上升。谭小芬等（2019）认为金融危机以来，发展中国家的债务增速明显超过了发达国家，加剧了全球债务风险的结构性矛盾。由此，M2/GDP 指标也成为衡量全球债务风险的重要指标。部分研究基于该指标分析我国经济的债务风险问题或基于该指标进行跨国比较分析（马勇和陈雨露，2017；李宏瑾和任羽菲，2020）。同理，社会融资规模/GDP 指标也是从货币供给的角度衡量经济体的债务杠杆水平。与广义货币供应量 M2 不同，社会融资规模是我国金融体系中统计货币供应量的一个特有指标，它是从金融机构资产端统计的货币供应量，从而较为准确地衡量实体部门通过金融机构获得的债务（盛松成，2012）。近年来，也有部分研究将社会融资规模/GDP 作为我国宏观杠杆率的测算指标，并验证其在我国债务风险测算方面的有效性（陈雨露等，2014；胡继晔和李依依，2018）。刘晓光和张杰平（2016）采用广义货币供应量（M2）余额与国内生产总值的比值来定义宏观杠杆率，阐述货币与宏观杠杆率之间的关系，主要基于货币供给为基础进行描述。这三种指标计算方法和统计口径存在的差别较大，但内在逻辑相通，三种指标测算的债务杠杆的变动趋势具有较好的一致性，且各指标相关性较强。

一般而言，杠杆率的概念通常基于微观和宏观两个角度界定，微观杠杆率是单个企业借入资本与自有权益资本的比率，通常用来衡量企业的负债经营程度。微观上，杠杆率是经济主体通过负债，实现以较小的资本控制较大资产规模的比例，表现为资产负债表端的负债与所有者权益之比，统计上，负债与股权之比、资产与股东权益之比都可用于衡量微观主体杠杆率，大量研究认为，明确微观杠杆率有助于清晰理解宏观杠杆率的来龙去脉，但并不能直接进行加总求和计算。国际上的研究主要是基于数据指标的可得性以及统计标准的一致性考量，因此债务存量/GDP 指标是大部分研究中用于测算经济整体杠杆率以及各部门杠杆率的主要指标，M2/GDP 指标在一定情况下也可以作为债务杠杆率的代理指标。

李扬等（2015）把经济总体分为政府、非金融企业、家庭和金融企业四个部门，用各部门债务余额/GDP 来测算部门杠杆率，用总债务/GDP 测算宏观经济杠杆率。Cecchetti 等（2011）认为实体经济部门杠杆率一般由企业部门、政府部门和居民部门的杠杆率加总得到，通常用于衡量经济运行中的债务风险和债务负担。除了实体经济杠杆率外，还有金融杠杆率这个概念。本书分析实体经济部门的债务杠杆率，同样是基于政府、企业和居民三部门债务杠杆率进行的。

2.2.2 债务杠杆与经济增长的文献综述

对于债务杠杆率的积极作用，许多文献从宏观层面围绕经济体总债务与经济增长的关系展开广泛研究，其主要集中在以下两个方面：一类文献从金融发展的角度，分析金融深化引起的信贷扩张对经济发展的影响；另一类文献从公共债务的角度，分析政府举债行为对经济发展的影响。两类文献均验证了宏观债务杠杆与经济增长存在的密切关系。在现代经济中，越来越多的经济体认识到金融业在促进经济增长过程中的重要作用，学者们更多关注债务杠杆与经济增长的关系。2008 年之前，研究认为债务杠杆对经济增长存在正向作用，有助于推动经济快速增长，我国经济金融发展的实践也证明了这一观点。而且，金融市场的发展程度与经济增长紧密相关。大量文献认为金融杠杆推动经济增长。McKinnon 和 Shaw（1973）认为金融改革和深化相互促进，信贷增长一方面通过投资效应，另一方面通过收入效应促进经济增长，这一点在发展中国家更为显著。

目前，债务杠杆与经济增长的争论主要集中在两大阵营，传统理论中，相当一部分经济学者重点关注金融体系的发展，认为发达的金融体系通过增加债务的方式可以起到增强经济体在资源配置及风险分散方面能力的作用，进而促进宏观经济增长。2008 年金融危机以后，有关债务杠杆与经济增长关系的研究成为学术界探讨的热点问题。金融危机后，学者们重点关注次贷危机爆发的原因，从过度证券化的角度，解析金融危机爆发的原因，讨论债务高杠杆蕴含的经济风险，研究债务杠杆与经济增长的非线性关系。Wagner（2010）认为债务杠杆过高，企业追求高额利润，将投资更多转向虚拟领域，无形中增加了实体经济的资金成本。马勇和李振（2016）基于跨国面板数据分析认为，伴随着城镇化进程的快速推进，金融杠杆与经济增长之间存在显著的倒"U"型关系；经济运行中，存在一个最优的杠杆率，杠杆率过高反而不利于经济增长。刘晓光等（2018）证明了高储蓄率和全要素生产率增长能够对杠杆率的提升产生不利影响，并进一步指出我国决策层在债务杠杆率的调整上应选择在总量上"稳杠杆"、在结构上"去杠杆"、在效率上"优杠杆"的策略。杨世峰和胡玉（2020）认为非金融企业部门中，国有企业的债务问题最为突出，并解释了我国杠杆率结构性差异的原因。顾胥等（2017）分析了中国、美国、英国、德国、日本的整体和分部门杠杆率，认为非金融企业部门是当前我国去杠杆政策的重点所在。王艺璇和刘喜华（2019）认为中国债务杠杆与经济增长之间存在边际递减的特征，且在 1% 水平上显著。马勇和陈雨露（2017）认为金融杠杆率与经济增长之间存在最优的杠杆率，一旦超过最优杠杆率反而对于经济增长不利。刘晓光等（2018）也认为经济体系中高债务杠杆会抑制经济增长，这种抑制效应与经济增长的速度呈反向关系。王朝阳和王文汇（2019）认为宏观杠杆率要保障金融服务实体经济的能力，同时又不能过高，需要维持一个合理的水平，才能促进经济增长。朱尔茜等（2017）通过对美国去杠杆的经验进行研究，认为当前经济发展背景下我国政府应先加杠杆，而居民部门和企业部门则去杠杆，避免因为债务快速收缩而引发经济的衰退。江红莉等（2019）基于跨国面板数据，认为经济增长对居民杠杆率、政府杠杆率存在显著的负向影响，对非金融企业的影响则不明显。中国人民银行贵阳中心支行青年课题组（2020）认为无论是总杠杆率，还是各部门杠杆率，对经济增长的影响中长期效果有限，短期效果却比较明显。国内外学者，采用不同的样本与研究方法对杠杆率与经济增长进行了研究，大多证明两者之间存在明显的倒"U"型关系，具体而言，当债务杠杆率处于较低水平时，增加负债能够明显促进经济的增长，反之，则不仅不能促进产出增加，反而可能会引起经济增长速度放缓，甚至可能引发金融危机。

分部门看，政府部门杠杆率对经济增长的影响目前并没有得出一致结论。有些学者认为政府部门债务规模扩大会提高长期利率，挤出私人部门投资与消费、从而阻碍经济增长。如 Cochrane 在 2011 年研究发现，较高的政府杠杆率会通过长期利率变化使税收扭曲并带来更高的通货膨胀，降低公共支出效率，对国家或地区经济增长产生负面影响。Calderon 和 Fuentes 在 2013 年进一步研究认为，随着国家综合实力的增长，政府债务扩张对经济增长的负面影响也会随之下降。有些学者则持相反的结论，认为政府债务能够支持国家经济建设，合理控制债务规模可以起到弥补财政赤字、提高社会资源配置效率的作用，在一定程度上有利于促进经济增长。次贷危机之后，学者们越来越关注居民杠杆率对经济增长的影响。研究发现，居民杠杆率具有明显的顺周期性，经济繁荣时，居民杠杆能够提高消费水平，促进经济增长，但在经济下行时，则会进一步恶化经济水平。Scott 和 Pressman 在 2015 年研究发现，居民杠杆能够降低家庭部门融资约束，提振消费，促进经济增长和金融繁荣，但家庭部门去杠杆时也会导致经济陷入衰退。Palley 在 1994 年研究发现，家庭负债积累会造成家庭债务负担过重，促使家庭减少用于其他支出的现金流，使得家庭财富向债权人转移，不利于经济健康发展。有学者认为，短期内居民杠杆能促进消费并带动经济增长，但是长期内会降低经济增速。张晓晶等（2018）、朱鹤等（2021）认为，目前我国居民杠杆率较低，仍然存在加杠杆空间，适度增加杠杆能够刺激消费，带动经济增长。Sutherl 和 Hoeller（2012）认为，非金融企业杠杆率与经济增长密切相关，非金融企业的高杠杆率会影响经济增长，削弱经济复苏动力。对于企业高杠杆率影响经济增长的路径，宋清华和林永康（2021）认为，高杠杆率导致企业债务负担加重，增加企业破产风险，而企业大规模破产将直接冲击经济增长。

2.2.3　债务杠杆与经济波动的文献综述

债务杠杆是指经济主体以小博大，运用少量资金撬动高于其资本价值的情况，债务杠杆过高容易引发系统性风险，造成经济波动。从历史的角度总结世界各国经济运行的长期规律不难看出，过高的债务水平、过高的杠杆率都会对宏观经济的平稳运行造成不利影响，甚至引发经济危机。许多学者通过分析不同经济体杠杆周期与经济周期的关系，得到更多关于高杠杆引发经济危机的直观证据。Schularick 和 Taylor（2009）基于 14 个发达国家的历史数据，研究了 1870~2008 年金融危机与宏观杠杆的关系，发现前期的信贷过度扩张与金融危机爆发有着密切联系，宏观债务杠杆越高，危机后经济衰退越严重。Reinhart 和 Rogoff（2010）基于 200 余年的历史数据，发现私人部门和政府部门债务杠杆均体现出明显的周期性，长期来看，全球债务杠杆波动的周期要比经济周期更长、幅度更大，且债务杠杆是引发金融危机、加剧经济波动的重要因素。2008年之前，国外对债务杠杆的研究更多基于微观视角。2008年后，人们发现债务杠杆影响经济波动，资产证券化的过度杠杆化导致金融危机发生，相关研究就此大量展开，主要包括以下三个方面内容：

一是基于信贷视角。伯南克等（1996）认为信贷市场以小放大，将经济体系的小冲击进一步放大，对宏观经济产生巨大影响。也有学者认为信贷渠道对经济波动的影响明显受到政策环境的影响。穆争社（2005）认为，经济体系中不可避免地存在信贷配给，银行体系存在的信贷配给会加速经济波动。Bhattacharya等（2011）通过实证分析，认为金融机构通过增加高风险资产，提高收益，如果经济下行，则会显著降低金融系统的稳定性。Geanakoplos等（2012）通过对房地产价格变化进行研究，发现高杠杆很容易引发金融体系的系统性风险，造成经济波动。

二是基于金融发展视角。Quadrina在2006年研究发现，经济波动缓解最主要的原因在于金融创新。也有学者认为金融自由化加剧了经济增速和产出波动。Thorsten等（2006）研究认为金融快速发展可以有效抑制贸易冲击造成的经济波动，这在发达经济体中尤为显著。

三是基于金融冲击视角。Jerman和Quadrini（2012）针对美国经济进行研究，认为金融冲击造成了总产出波动和投资波动。袁申国等（2011）认为金融加速器放大了投资、货币政策对经济波动的冲击，二者同样呈现显著的放大效应。王国静和田国强（2014）对金融冲击如何影响宏观经济进行研究，发现即使考虑了其他冲击，金融冲击仍能够解释近80%的产出波动。董凯等（2017）构建了DSGE模型，认为金融深化引致的直接投资、抵押率和金融杠杆冲击影响房价波动。房地产市场调控应实施差别化政策，以保持经济平稳运行。朱连磊等（2019）研究认为技术、货币政策、抵押率等外生冲击对宏观经济、金融杠杆的影响不同。从分部门角度研究看，张靖（2019）认为杠杆冲击是导致经济周期波动的重要因素，对产出、投资和物价会产生同向影响。

2.2.4   债务杠杆与金融风险的文献综述

目前，具体从债务杠杆视角讨论金融稳定的文献较少，较多学者从系统性金融风险的角度切入。Fisher（1933）指出经济体过度负债，会加剧通缩，导致经济衰退，即"债务—通货紧缩理论"的主要观点。Minsky（1977）认为经济运行中，企业的过度负债无形中会提高金融风险，但经济体的去杠杆也可能造成经济的衰退。2008 年金融危机前，世界范围内，发达经济体杠杆率迅速攀升；危机过后，发展中国家债务杠杆迅速上升，推动全球杠杆率攀升。Wagner（2010）等认为经济体系中，参与主体的过度杠杆化行为，明显增加了宏观经济的系统性金融风险；金融杠杆过度发展会放大系统性风险，过度化的金融杠杆会加大金融体系的脆弱性。也有学者认为金融规模的过度膨胀，将会降低资源配置的效率。马建堂等（2016）通过分析认为我国信贷间接融资模式、货币政策工具化等因素导致我国债务杠杆上升较快。骆祚炎和陈炳鑫（2019）认为包含金融减速器因素的情况下，投资、消费、贸易、信贷等对产出的冲击小于不包含的情况，可见，金融减速器因素会影响主要经济变量对宏观经济产出的冲击。赵立文（2018）从影子银行角度研究了如何衡量系统性金融风险，以及经济运行中如何降低债务风险。朱连磊等（2019）构建了包含金融摩擦和预期冲击的动态随机一般均衡模型，经过参数模拟，发现金融摩擦的存在可以显著降低抵押率冲击的影响。徐文舸

（2020）认为当前宏观杠杆率仍处于高位，尤其以居民部门加杠杆最为突出，居民部门杠杆率持续上升、债务积累速度快于居民收入和储蓄增长、多地居民部门债务处于风险较高区间。

纪敏（2017）从宏观和微观视角分析了中国杠杆率的结构和水平，认为企业间的杠杆率差异、高储蓄投资决定了中国杠杆率水平总体较高。刘一楠和王亮（2018）认为经济中杠杆率过高会引发金融风险，且杠杆率阈值具有内生性。马建堂等（2016）分析中国杠杆率的现状认为我国非金融企业和政府部门的杠杆率呈上升趋势，尽管与发达国家相比，我国名义杠杆率并不高，但潜在风险不小，具体表现为流动性风险与偿付性风险、金融失衡风险、实体经济倒闭风险和社会不稳定风险。董小君（2017）认为"杠杆率"高低可以作为预测金融危机爆发的重要先行指标，在经济下行的背景下，高杠杆率会与经济下行周期产生相互放大负效应，并通过"逆向淘汰"效应和风险传导效应，引发系统性风险。陈卫东、熊启跃（2017）指出我国部分行业高企的杠杆率会使得这些行业陷入"债务—通缩"循环，导致货币政策调控效果下降，增加银行的资产质量压力，给实体经济的运行带来较大的风险。张秀秀（2019）认为金融杠杆率过高会导致经济下滑和金融动荡。天津财经大学课题组（2019）认为金融杠杆对金融稳定影响最大的首先是非金融企业，其次才是政府部门，最后是居民部门。江红莉和刘丽娟（2020）认为企业部门杠杆率对系统性金融风险的发生影响不显著。

直接从金融杠杆视角研究金融稳定的文献较少，更多学者从货币政策与金融稳定角度进行研究和论述。刘晓欣等（2017）、沈悦等（2020）、吴炎芳等（2020）、周海林等（2021）的研究都认为宏观杠杆率上升会对金融稳定产生负面的影响。王艺璇等（2019）采用向量自回归模型研究发现，宏观杠杆率在合理范围内对金融稳定产生显著的正效应，若超过临界值会对金融稳定产生负效应，从而会加剧金融波动。汪莉（2017）进一步分析了货币环境通过银行杠杆作用于金融稳定的传导机制。蒋海和刘雅晨（2018）认为金融体系中，商业银行由于利率下降导致收益下降，通常会提高其杠杆增加收益，但这一做法无形中会导致银行风险增加。郭文伟（2020）认为去杠杆的关键在于非金融企业和居民，要降低经济政策的不确定性，减少杠杆波动，控制广义货币数量，提升金融机构的营利能力，有助于降低系统性风险溢出。

另外，对部门杠杆率与金融稳定的关系，肖崎（2020）和陈雨露等（2014）都认为金融杠杆率的上升会对金融稳定性产生一定的负面影响。Stein（2012）和刘哲希等（2018）指出居民杠杆率增加，在一定程度上加剧了金融的不稳定性。苟文军等（2016）发现企业杠杆率的提高会导致经济各部门的风险上升，符瑞武（2021）发现企业在低杠杆阶段加杠杆在短期内可以促进金融稳定，而在高杠杆阶段加杠杆却不利于金融稳定。李程等（2021）和贾松波等（2021）都认为地方政府部门杠杆率的增加会提高区域金融风险。

2.2.5　债务杠杆与宏观经济政策的文献综述

金融危机前，诸多学者如伯南克、格特勒（2001）和科恩（2006）认为货币政策不会对杠杆率产生根本影响。金融危机后，学者们逐步改变了这种看法。王勇等（2018）经过数据模拟，得出利率提高可以有效降低国有企业的杠杆率。黄亿红和杨杰（2020）研究发现，紧缩性政策控制社会总体债务扩张时，会抑制经济增长，引致下行压力。王韧等（2019）认为杠杆率监管加强，一定程度上可以抑制货币政策对金融稳定的影响。国内一些学者还认为，货币供应量的增加与金融体系的规模扩张都会推动债务杠杆水平的上升（吴永钢等，2018），因此应避免大水漫灌的货币政策。针对影子银行在我国高债务杠杆率形成中的影响，马亚明等（2018）通过构建包含影子银行、金融杠杆的动态随机一般均衡模型，分析了不同货币政策规则的有效性，结果表明：宽松的价格规则和紧缩的数量规则都可以有效地抑制影子银行的规模，同时有效控制金融杠杆。

袁利勇和胡日东（2018）认为宏观杠杆调整的出路在于经济发展方式的转变。汤铎铎（2019）认为我国宏观经济调控的关键在于经济稳定和金融稳定之间的平衡，这直接影响我国经济的长期稳定增长。孟宪春、张屹山等（2019）指出我国货币当局陷入"控房价、防风险"和"稳增长"难以取舍的政策困境之中。由于金融创新和影子银行与债务杠杆率也存在相互强化的关系，金融部门在监管制度的框架下为实体部门"好的加杠杆"提供资金，但是，随着实体部门进入"坏的加杠杆"阶段，融资需求和利率快速上升，金融部门发现有利可图，于是谋求绕过监管约束，提供高风险的融资服务，使得影子银行快速扩张。

上述研究表明，在债务杠杆率的调整过程中，货币政策能够对多项经济变量产生影响，进而影响债务杠杆率的变动，以往学者从多个角度研究了货币政策对债务杠杆率的影响，但随着我国债务杠杆率的调整中不断出现新的经济动态，有关货币政策对其影响的研究仍有待深入。综上所述，已有的国内外文献在理论和方法上对本书的研究提供了有益的帮助和扎实的文献基础。不过，以往研究对于我国现阶段所面临的现实情况而言仍存在局限性。例如，对于债务杠杆高企与可能引发的潜在风险研究，已有文献多是遵循"高债务—高系统性金融风险—经济危机"的演变过程进行研究，虽然对我国债务杠杆的调整具有借鉴价值，但是其背后形成的驱动机制仍有待深入。另外，针对经济高质量发展阶段，从前瞻性监测和防范系统性风险角度对于宏观经济政策选择的系统研究仍不多见，亟须进一步展开分析。

2.3　研究述评

作为经济金融领域最为重要的问题之一，金融发展与经济增长的关系得到了国内外学者持久广泛的关注与研究，并且取得了丰富的研究成果，为本书的研究奠定了良好的基础。本书的文献综述主要分为杠杆率概念及测度、债务杠杆与经济增长、债务杠杆与经济波动、债务杠杆与金融风险以及债务杠杆与宏观经济政策几个方面。金融危机爆发之后，为避免经济进入衰退期，各国都积极采取措施，推行量化宽松的宏观经济政策，推动新兴经济体的债务杠杆水平进一步提升。债务杠杆与经济增长存在非线性影响，且显著性较好。既有研究从宏观债务杠杆总的角度研究了债务杠杆对经济增长的非线性影响，较少考虑经济波动和金融稳定，尤其是从分部门杠杆率角度的分析亟待系统加强。

20 世纪 90 年代，金融创新和金融自由化的发展改变了银行业的市场结构，提高了金融效率，推动了全球经济增长；另外，金融自由化和市场化发展放大了金融行业的脆弱性，增加了发生系统性风险的概率（王路加和郭亚妮，2017）。近年来，我国宏观债务杠杆率出现了大幅度的攀升，与其他国家相比，我国宏观杠杆结构是否具有明显的差异？当前，我国宏观杠杆率攀升是否会引发债务风险？导致各部门杠杆率变化的因素有哪些？是否需要以及如何调控优化宏观债务杠杆？上述问题均引起学界的广泛讨论。因此，对于相关文献的总结分析，有助于我们加深对我国宏观债务杠杆的了解，并发现研究中的重要问题，为本书研究问题的展开作铺垫。本书研究债务杠杆的宏观经济效应，在分析债务杠杆与经济增长的基础上，还考虑经济波动和金融稳定这两个方面，基于金融发展的角度，研究债务杠杆对经济增长和经济波动的门槛效应；基于政府、居民、非金融企业部门债务杠杆角度，研究分部门杠杆率变动对经济增长、经济波动、金融稳定的差异性影响，进行系列研究有助于系统厘清债务杠杆变动对宏观经济的影响效应。

第3章　债务杠杆宏观经济
效应的理论分析

　　2008 年美国次贷危机之后，为应对国际金融危机的影响，我国出台了"四万亿"刺激经济计划政策，"四万亿"投资计划短期内使得我国社会经济迅速走出了外围经济的影响，国内诸多企业很快从 2008 年底的生产压缩、产品积压中走出来，迅速恢复了生产和经营；刺激计划还使得国内基础设施建设加速投资、蓬勃展开，基础设施和房地产建设的相关联产业的生产规模迅速恢复并扩大，在短期内迅速走出了不景气的状态。但与此同时，2008 年之后，我国国内的房地产价格快速上涨，全社会债务杠杆率迅速攀升。数据显示：2008 年，我国债务总杠杆率仅为 139%，2009 年激增为 175.1%，之后债务杠杆率一路上涨，2019 年达到 257.6%。债务杠杆适度增加可以促进经济发展，但如果一个经济体的债务杠杆率增速过高，可能会不利于经济增长和金融稳定，本章首先就债务杠杆的宏观经济效应进行理论分析。

3.1 凯恩斯主义与高杠杆的形成

凯恩斯（Keynes）是宏观经济学的开创者，现代经济学最有影响的经济学家之一。1929~1933 年的经济大危机，使得美国经济陷入了空前严重的大萧条。这场经济危机不仅对美国经济产生了巨大的影响，而且波及了整个资本主义世界，危机期间，由于市场崩溃、工厂停产，各大银行纷纷出现倒闭潮，整个美国的失业率激增。大萧条期间，美国失业率从 1929 年的 3.2% 飙升至 1933 年的 25%。失业人数的激增导致民众收入减少，生活陷入困境。此外，由于人们对经济发展失去了信心，消费者的支出降低，又使得大量商品卖不出去，出现大量的商品积压，导致商品价格大幅下跌，企业利润减少，投资下降，经济陷入恶性循环。美国是当时全球最大的经济体，大萧条的发生不仅严重影响了美国经济，而且对全球经济体系造成了广泛的影响。表现为全球贸易量大幅下降，各国面临着严重的经济衰退和失业问题，工人的罢工、抗议活动不断，社会局势日益紧张。面对这一情景，古典学派放任自由的经济主张束手无策，无法使得经济迅速走出衰退，回归正常。1936 年，凯恩斯发表了《就业、利息和货币通论》（以下简称《通论》）一书，凯恩斯认为此次危机爆发的原因在于经济中的有效需求不足，一方面经济中出现商品生产过剩，另一方面工人失业，收入降低，经济体难以形成市场出清。要改变经济的萧条状态，使得经济回归正常水平，解决失业问题，政府应该出面对宏观经济进行干预。凯恩斯认为"赤字有益"，政府应该采取必要的扩张性货币政策和财政政策刺激消费和投资，解决有效需求不足的问题，同时通过投资解决失业问题，拉动经济逐步回归充分就业状态下的市场均衡。凯恩斯的相关观点被政府广泛采纳，最终使得全球经济逐步摆脱了萧条。

凯恩斯的两项政策从根本上讲都存在负债的倾向。财政赤字通过扩大政府获取资金的额度和方式，直接增加政府部门的购买和转移支付，促进有效需求迅速增加，有效需求的增加促使经济体系内的经济主体开始扩大生产规模，一定程度上促进了就业和人们收入的增加，而收入增加又会形成新的消费和投资需求；扩张性的货币政策同样是通过加杠杆促使企业投资增加，提升了经济主体的有效需求，政策开始的起点是通过政府部门的负债，增加企业部门的负债，在这个过程中，不仅政府部门在加杠杆，同时，企业部门、金融部门也在不断地加杠杆，共同促进经济迅速走出衰退。

3.2　债务杠杆影响经济增长的理论分析

从债务杠杆的定义来看，债务杠杆的大小不仅取决于债务规模，同时与 GDP 之间也存在着密切的联系。从而使得债务杠杆对宏观经济的影响机制更具有复杂性。

经济运行中，金融体系能够实现资金从供给部门转移到需求部门，实现资源的优化配置。信用扩张是债务杠杆水平提升的主导因素，随着债务杠杆的形成且逐步攀升，信用渠道成为债务杠杆影响宏观经济的重要渠道。投资作为推动经济增长的"三驾马车"之一，通过投资推动资本形成、促进经济增长。债务杠杆对经济增长的影响主要发生在"储蓄—投资"过程中，通过金融体系的资金配置功能得以实现。储蓄资金通过金融市场和金融中介机构以直接或间接方式流入实体经济各部门,通过银行等金融中介机构时,由于银行体系具备信用创造功能,会使得储蓄到投资产生乘数效应。债务杠杆较低时,企业通过购买生产资料、雇佣更多的劳动者、开展技术研发等方式增加投资,不断提高自身的生产能力,资金投入的增加通常意味着企业产出的增加和全要素生产率(TFP)的提高。此时,信贷规模的扩张必然带来债务杠杆水平的提高,企业仍能够以较为合理的成本获得资金,通过投资来促进产出增加。随着债务杠杆水平的提高,市场中充裕的流动性和银行宽松的信贷条件使得经济主体能够以较低的成本获得充足的资金,随着经济主体的投资不断增加,不乏有很多盲目投资,投资质量降低,同时由于资金面比较充裕,大量的资金被用于金融投资,经济中金融投资的增加导致资产价格的上升,引发更多经济主体进行金融投资替换实物投资,这一行为改变了投资流向,尤其是当金融投资的收益率高于实物投资,会进一步促进经济主体加大金融投资的力度,推动债务杠杆水平激增,产生自强化效应。经济中存在着大量具有自我加强(Self-reinforce)特性的机制,这是长期经济周期和短期经济波动的根源,其实现在于微观主体的预期、动机和行为(朱澄,2016)。随着越来越多的资金离开实体经济,进入非实体经济领域,大大削弱了债务杠杆对实体经济发展的推动作用。可见,债务杠杆对经济增长的作用会受到资金投入流向即金融投资与实物投资相对权重的影响。

债务杠杆也具有这样的特点,任何经济部门都倾向于以更低的成本获得资金,随着杠杆水平的攀升,流动性的提高进一步使得资金约束放松,廉价资金降低了投资质量、改变了投资流向(实体投资→资产投资),这又会推高投资资产的收益(源于资产价格上升及上升的预期),从而最终改变了投资实体项目与投资既有资产的收益率对比。结果只有两个:一是资金投向比例的变化(实体投资比例下降);二是金融杠杆水平的持续攀升。显然,金融杠杆率上升的自我强化过程，将使得创造出的信用资金更多地流向非实体经济领域，此时，实体经济与金融体系之间此消彼长，金融杠杆水平开始进入阻碍经济增长的区间。

债务杠杆是实虚关系之间信用渠道的重要工具。实体经济增长的核心在于投资和消费，金融发展的关键在于资金需求，显然，投资是经济与金融矛盾互动关系中的关键环节。陈雨露和马勇（2013）分析了金融投资与实体投资的动态关系，并将二者之间的关系依据实体投资规模水平划分为挤出效应、排斥效应、替代效应三个阶段。在此基础上，朱澄（2016）分析了金融投资与实体投资的关系，依据金融投资与实体投资的相对收益率，根据二者的权重变化，将上述三阶段扩张为五个阶段，在头和尾分别增加渠道效应、泡沫崩溃两个阶段，即渠道效应、挤出效应、排斥救应、替代效应和泡沫崩溃五个阶段，如图 3-1 所示。

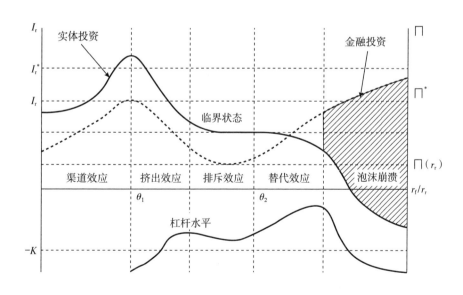

图 3-1　金融发展、杠杆变动与经济增长的过程

资料来源：朱澄 . 金融杠杆水平的适度性研究［M］. 中国金融出版社，2016.

随着上述五个阶段的依次推进，实体投资部分逐渐减少、金融投资逐渐增加。分阶段来看，在渠道效应阶段，实体投资显著高于金融投资，并能够有效促进实体经济的发展。挤出效应和排斥效应阶段，金融投资收益率增加，金融部门资金更多地转化为金融投资，实体投资反而在一定程度上逐步减少，债务杠杆上涨，但"储蓄—投资"的转化效率却在下降，实体经济投资减少，弱化了对经济增长的推动。在替代效应阶段，金融投资收益率上升，实体经济领域的投资逐渐被压缩，债务杠杆上升较少转化为实体投资，对经济发展的支撑作用大幅下降，经济中的债务高杠杆没有实体经济作为支撑，一旦出现经济波动或冲击，很容易引发资产价格泡沫。进入泡沫崩溃阶段，失去资产价格支撑的金融投资迅速下降，债务违约和企业破产上升，金融机构不良资产上升，经济随之进入衰退阶段。综合以上分析，金融与经济的关系变化，引致债务杠杆对经济增长的影响呈现阶段性的变化。

3.3 债务杠杆影响经济波动的理论分析

在对债务杠杆与经济波动进行实证分析之前，需要分析债务杠杆影响经济波动的一般机理，经济波动指经济中 GDP 总量变动或者增长速度的变化。20 世纪 70 年代，金融监管逐步放松，金融部门与实体经济部门深度交叉融合，成为实体经济的重要组成部分。结合已有理论和相关文献，本部分基于金融加速器机制、投资风险分散机制、金融创新机制三个角度分析债务杠杆如何对宏观经济波动产生影响，具体如图 3-2 所示。

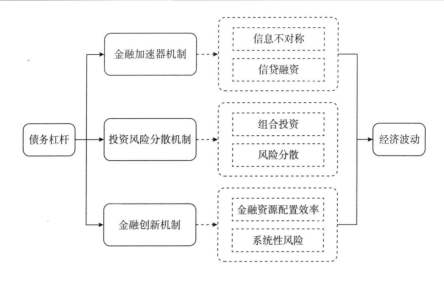

图 3-2 债务杠杆影响经济波动的传导机制

3.3.1 债务杠杆基于金融加速器机制影响经济波动的机理分析

伯南克等（1989）提出了金融加速器理论，他比较了 1929~1933 年经济危机发生时的金融总量与货币流通状态，认为金融系统瘫痪造成市场信息不对称上升，金融服务效率下降和银行信贷萎缩，企业融资成本增加，并且金融系统的连锁效应使得经济下行，并最终演变为经济大萧条。伯南克等将金融系统存在的金融摩擦作为研究经济波动的重要因素，开创了最早的金融加速器理论。该理论认为信息不对称能够将经济体系中的小冲击演变为大波动，影响宏观经济。如果债务杠杆上升幅度合理，可以提高金融资源的流动性和优化配置，促进经济增长，引起经济的向上波动。尽管此时信贷市场上仍然存在着信息不对称，但由于经济形势较好，且企业能够为银行等金融机构提供担保，这种情况下，即使存在信息不对称，金融加速器机制作用也微小。

当债务杠杆上升超过临界值，即经济体系中，经济主体投资旺盛，随着投资的大幅增加，金融体系的系统性风险快速上升，随着经济风险的上升，一方面会降低企业对未来经济持续发展的预期，另一方面也会恶化企业资产质量，导致银行等金融机构为降低风险，要求企业提高资产担保，这一举措提高了企业的外部融资成本，不利于企业尤其是中小企业增加投资。经济体系中，信息不对称的存在导致了银行体系基于资金安全的需要，要求借贷主体提供抵押担保，向经济主体的借贷减少。而信贷供给的减少使得借款者将面临严重的融资约束，使全社会的投资水平下降，投资者的经济预期下降，通过金融加速器机制，债务杠杆水平持续上升将会严重影响宏观经济的发展，引起经济向下波动。

3.3.2 债务杠杆基于分散投资风险机制影响经济波动的机理分析

分散投资理论最早由 Acemoglu 和 Zilibotti（1997）提出，基于资本市场角度分析，认为金融发展可以提高金融资源的配置效率，经济主体投资分散，有利于降低投资风险，减少经济的波动，金融发展通过投资分散实现了风险的降低。金融资产不同，其所对应的金融风险亦有区别。即使是相同的金融资产，由于期限不同，风险也有差别，短期投资的机会成本小于长期投资，因此长短期组合投资可以有效降低投资单一资产的风险。投资者可通过组合投资降低投资风险。

而债务杠杆的应用使得投资者可以运用少量的自有资本数倍地放大投资，自有资本在一定的情况下，投资者可以提高债务杠杆，进行多样化投资，降低金融风险。而如果债务杠杆过高，一方面，金融体系的系统性风险上升，投资失败的概率上升；另一方面，通过杠杆效应，如果项目投资失败，可能给投资者带来更大的冲击，由于投资者加杠杆投资，任何给投资者带来负面影响的外部冲击都可能会给市场带来大的冲击，债务杠杆的上升将会导致经济的更大波动。

3.3.3　债务杠杆基于金融创新机制影响经济波动的机理分析

20 世纪 60 年代，金融创新蓬勃发展，一方面，在经济体系中，各种金融工具、金融业务被创造出来，促进了金融资源要素配置的逐步优化，推动金融行业快速发展。另一方面，金融创新丰富了投资者的选择，提高了投资者的预期收益，导致投资者过度追求利润，产生投资的非理性行为。但由于经济中金融创新的风险定价过低，而且，许多金融产品的创新，包括复杂的交易并没有真正将风险从金融体系中转移出去，切实有效地降低投资者的风险，实质上演变成了金融体系中经济部门的监管套利行为。在微观层面，金融创新有利于规避风险；在宏观层面，金融创新在提高了整体金融体系安全的前提下，不可避免地带来了潜在的金融风险。随着经济自由化程度的提高，信息技术的发展，促进金融资源的流动性大大提高，但同时也加剧了投资者面临的市场风险。

在债务杠杆适度的情况下，金融创新可以降低交易成本，有助于缓解经济的大幅波动。但如果杠杆过高，会加剧金融风险爆发。研究表明，金融创新可以通过金融衍生品及其投资组合实现对非系统风险的有效管理，但却无法消除系统性金融风险，如果金融产品过度创新和无序使用，还会进一步加剧系统性风险爆发的可能性。在高杠杆操作市场中，金融机构往往需要充足的流动性确保交易安全，导致其基本的风险管理策略改变，这很容易产生系统性风险，引起经济的大幅波动。现实中，金融部门与实体经济部门的深度融合使得金融系统的风险很容易传导至实体经济，引起经济大幅波动，美国的次贷危机即是该影响机制最集中的体现。

3.4 债务杠杆影响宏观金融稳定的理论分析

债务杠杆作为经济运行中的重要工具，可以有效促进金融资本转化为经济资本，推动经济发展。然而，随着债务杠杆率不断攀升，面对逐步加剧的债务风险，国家提出了结构性去杠杆的基本策略，实际上，这个策略作为解决问题的"牛鼻子"，需要清晰识别我国债务杠杆结构及存在的问题，厘清债务杠杆影响宏观金融稳定的理论逻辑，是未来防范化解经济体系中的债务风险、促进经济快速增长的关键一环，亦有助于社会经济的平稳运行。

3.4.1 债务杠杆变化与局部金融风险累积

杠杆率的快速提高有助于推动投资，促进产出增加，但杠杆率的过快攀升所带来的高负债、过度证券化以及资产价格泡沫等问题都会增加潜在的金融风险，引发金融不稳定。2008 年美国次贷危机引发的全球性金融危机，一个潜在的原因是建立在证券化基础之上的金融体系过度杠杆化，不仅严重冲击了金融体系自身，还迅速传导至实体经济部门，对宏观金融稳定产生负面影响。当经济由复苏转向繁荣，市场主体会主动增加投资和消费，促进债务杠杆和物价上涨。在高收益驱动下，企业部门倾向于增加投资、扩大生产，促进债务杠杆水平的螺旋式上升。物价水平的上涨导致实际利率下降，降低了企业的实际融资成本，促进债务杠杆水平持续走高，一定程度增加了经济体的违约风险。

另外，随着债务杠杆率的不断提高，在经济体中，大量资金进入可以获得高收益的领域，如金融投资领域、房地产领域，这无形中促进了房价和资产价格的上涨，推动债务杠杆水平不断升高。当前，互联网金融发展迅速，日渐成为金融行业发展的创新推动力量，为金融发展提供关键的技术，推进传统金融体系进行改造升级，有效促进了金融模式的创新和交叉融合，但同时也推升了债务杠杆率的上升，金融体系去杠杆与实体经济部门的去杠杆只有相互协调配合，才能更好地化解局部金融风险。

3.4.2　风险传导与宏观金融稳定

在现代经济中，经济部门之间以及经济部门与市场主体之间存在着千丝万缕的关系，基于各种原因，经济体系中当局部市场的风险不能及时进行控制，会导致风险在不同部门之间迅速传导，极有可能转化为系统性风险，甚至会引发金融危机。具体体现在以下三个方面：

第一，实体经济部门之间的风险传导。当经济体扩大债务杠杆时，无形中加大了自身的偿债负担，一旦经济形势发生改变，不仅会使企业经营受到影响，还有可能引起原有的债务链条断裂。而债务链条的断裂还会影响到关联的其他企业，在债务负担加重的情况下，为了能及时偿还债务，企业可能存在低价出售手中的资产，通过低价出售资产变现来应付紧缩的流动性危机，单个企业违约风险扩散导致风险在各部门之间迅速传递演变，最终可能引发系统性金融风险，实体经济部门之间存在频繁的业务往来，尤其是存在相互担保的模式下，企业间纵横交错，很容易加剧风险的传染扩散，给金融稳定带来严重的威胁。

第二，实体经济和金融部门之间存在风险传导。在经济运行中，实体经济部门由于债务杠杆引致内部累积大量的金融风险，这些风险极易通过各种渠道扩散至金融部门，导致金融部门经营风险增加。基于稳健经营的需要，银行体系必将收缩信贷，导致实体经济部门获得资金的难度加大，银行贷款是实体经济部门债务的主要部分，信贷收缩必然会造成企业资金紧张，而如果企业违约，又可能直接影响到银行业的稳定性。

第三，金融市场和金融机构之间存在风险传导。金融市场作为企业等部门进行直接融资的场所，金融机构通过提供各种信用工具，以间接融资的手段满足经济体各部门的融资需求，二者之间存在复杂的网络化趋势，一旦出现变动，金融风险通过金融体系内部的网络结构，迅速交叉传染，可能影响整个金融系统的稳健运行。因此，需要改善金融的资源优化配置功能，促进产业结构升级，创造安全的金融环境，确保经济金融发展动态平衡，提高金融的稳定性。

3.4.3 风险暴露与金融危机

在经济体系中，债务杠杆的提高导致金融风险在实体经济部门内部、部门之间互相传导，将使得局部的金融风险迅速转化为系统性金融风险。一方面，风险累积扩散降低了金融系统本身抵御冲击的能力；另一方面，面对债务杠杆攀升所导致的物价和资产价格的上涨，政府通常会调整宏观经济政策防止通货膨胀和资产价格泡沫的破裂，资金和政策的收紧直接降低了高杠杆企业的流动性，导致资产价格大幅缩水，高杠杆企业无法继续通过"借新还旧"的方式来维持运转，为了按期偿还债务，实体经济部门不得不通过出售资产、削减支出等方式来获得资金，直接导致投资、消费大幅下降，经济发展陷入萧条。不难看出，债务杠杆上升带来风险集聚、扩散与暴露，将会导致金融危机的爆发，并进一步传导至实体经济部门，极有可能引发经济危机，不利于宏观金融稳定。

3.4.4 分部门债务杠杆影响债务风险的传导机制

3.4.4.1 居民部门杠杆债务风险传导机制——基于资产泡沫理论

在经济体系中,当资产价格大幅度偏离实际价格,居民投资者很容易根据资产价格上涨,追随市场的发展热点,例如,随着房价在短时期内的快速上涨,居民部门会主动加杠杆,增加债务导致自身的负担加重。即房地产投资与房价息息相关,基于房价上涨的预期,人们大量将资金投入房地产,导致居民部门的偿债压力加重,债务效率逐步下降。中国经济增速下行,但资产的高泡沫化频繁出现,不利于金融部门债务的安全,更会影响金融体系的稳定性。

资产泡沫的本质是资产价格对基本面的偏离,出现资产价格的暴涨和暴跌的现象。在金融市场上,由于居民本身缺乏理性完善的选择权,当资产价格大幅度偏离实际价格,居民投资者很容易根据资产价格上涨,追随市场的发展热点,例如,随着房价在短时期内的快速上涨,居民部门会主动加杠杆,基于房价上涨的预期,人们大量将资金投入房地产,导致居民部门的偿债压力加重。随着房地产市场的持续扩张,资产价格大幅上升,使得居民债务负担加重、杠杆率提升;同时,房地产属于固定资产,短期内无法变现或转投,这无疑在降低金融资本流动性的同时加剧了居民的债务压力。经济发展状况比较好时,资产价格上涨通过正向财富效应,可以对冲居民高杠杆率与低债务效率所暴露的问题,近年来,中国经济发展进入了新常态,如果资产的高泡沫化频繁出现,可能引发居民资金流动性风险,不利于金融部门债务的安全,更会影响金融体系的稳定性。

3.4.4.2 企业部门债务风险传导机制——基于债务—通货紧缩理论

Bernanke(1983)等分别从企业破产违约所引发的财务困境在债务、债权人之间的传导，资产价格下降和信用收缩等角度对 Fisher（1932）的债务—通缩理论进行了扩展。即企业从债务到通货紧缩的作用机制在于，在企业负债规模不断扩大并逐步向过度负债发展的过程中，企业杠杆率提升；当债务积累到一定程度，企业新增债务较大部分用于借新还旧，无法转化为有效投资，这一情况将一定程度弱化投资效率，降低债务的可持续性。在高杠杆率与低债务可持续性的双重影响下，债务风险持续暴露，投资收益下降，而债务到期又迫使企业对其产品进行廉价售卖，造成资产价格下跌和资产净值缩水，使得企业真实债务水平进一步提升。企业真实债务的提升又会造成流动性紧缩，导致企业可能出现流动性危机，此时，企业被迫削减支出，或者选择低价出售手中的资产，导致资产价格下降，货币紧缩，金融风险积累，引致债务—通货紧缩循环，其传导过程如图3-3所示。

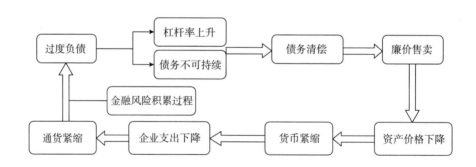

图3-3　企业部门债务杠杆的风险传导机制

3.4.4.3　政府部门债务风险传导机制——基于预算软约束理论

由于存在预算的软约束，面对国有企业的亏损，政府部门会不自觉地进行兜底，对亏损的国有企业实施救助（姜子叶，2016）。不仅如此，如果地方政府遭遇债务危机，或者财政预算出现危机，中央政府也会实施救助，导致地方政府出现过度融资。受中央竞争体制的影响，地方政府也希望通过融资，拉动当地经济快速增长，而预算软约束的存在，使得政府有条件通过地方商业银行或者地方融资平台，获得更多的债务融资，无形中加大了政府部门的隐性债务，推动杠杆率水平上涨。

在债务投资的初始阶段，由于投资产品需求旺盛、资产项目多样化等原因，使得初始债务融资能够转化为有效投资，但随着债务规模持续扩大，投资效率呈现倒"U"型趋势。这将降低政府部门的债务可持续性，一旦发生流动性风险，将会通过商业银行与地方融资平台传播至金融市场，冲击金融系统的稳定性。

3.5 结构性去杠杆的必要性

欧文·费雪（1932）认为，过度负债是经济大萧条的原因之一，经济中负债过高会引起高负债与通货紧缩两个因素相互叠加，相互作用致使经济出现严重的衰退。债务—通缩理论分析的起点是经济体已经处于过度负债的情况，由于债务人的过度负债，清偿的过程必然会发生资产的廉价出售，资产的廉价出售导致价格总水平下降，在没有膨胀性的货币干预情况下，必然会使得企业资产净值降低，利润下降，加速企业未偿还债务而破产。经济中产生了大量的失业，市场上经济主体基于对未来的悲观情绪进一步增加货币的贮藏行为，降低了货币的流通速度，产生了严重的通缩。该理论认为只有当债务与通货紧缩结合起来，才会形成经济大幅衰退。

宏观杠杆率本身是一个中性词，杠杆率的结构性问题不仅影响资金流向及使用效率，还会影响实体经济的发展。杠杆率本身并无好坏，在经济中，一定程度的加杠杆可以为经济运行注入较多的流动性，促进经济发展；但高杠杆又容易引发金融风险的扩散传染，冲击金融体系的稳定性。杠杆率的结构性特征要求去杠杆不能"一刀切"，要根据不同部门的水平和重要程度，以及实施难度来分门别类地去杠杆，确定哪些部门需要去杠杆，哪些部门需要稳杠杆，有的甚至可以根据实际需要加杠杆，推动债务杠杆率逐步回归到合理的水平。

第4章 债务杠杆率的横向比较及我国杠杆率现状结构分析

金融危机发生后，我国债务总杠杆率大幅攀升，经济中存在的诸如企业杠杆率高企、创新效率低下、中小企业融资难等问题，与当时经济发展的目标不相适应。基于数据可得性以及经济规模、发展程度等指标，本章选取中国、美国、日本、英国、印度、澳大利亚6个国家的债务杠杆数据进行分析比较，明确我国债务杠杆率的现状、结构及其演变过程。

4.1 主要经济体债务杠杆率现状比较分析

4.1.1 债务总杠杆率

本章选取1995~2019年中国、美国、日本、英国、印度、澳大利亚6个国家的债务总杠杆率数据进行分析，结果如图4-1所示。总体来看，这6个国家的债务总杠杆率均呈现不同程度的上升趋势，日本的债务总杠杆率由1995年的301.5%上涨到2019年的382.3%，且日本的债务总杠杆率一直处于高位上升的发展态势，研究期内的债务总杠杆率数据均高于其他5个国家。1995年，印度的债务总杠杆率为96.9%，一直在低位运行，2019年仅为128.2%，15年仅上升了31.3个百分点。2008年金融危机后，其他五个经济体的债务杠杆率增速总体逐步趋于稳定，而中国的债务杠杆率却保持快速上升的趋势。源于我国政府出台了"四万亿"的经济刺激政策，导致实体经济部门债务杠杆率迅速上升，2008年，我国债务总杠杆率为139%，2013年上升至208.1%，5年涨幅高达69.1%；2017年，中国的债务总杠杆率为250.8%，是新兴经济体的1.6倍，发达经济体的1.3倍；2019年，受疫情影响，杠杆率再度攀升到257.6%。但横向比较来看，中国债务杠杆率仍低于美国、日本、英国等发达国家，但债务杠杆率过快攀升的问题仍需引起关注。

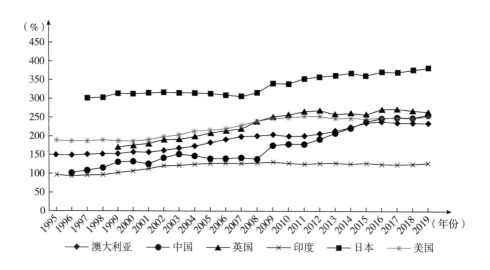

图4-1 1995~2019年6个典型国家债务总杠杆率变化趋势

资料来源：Wind 数据库、BIS 数据库。下同。

4.1.2　分部门债务杠杆率

接下来，我们从非金融企业部门、居民部门、政府部门具体分析分部门债务杠杆率的具体情况。依旧选取 1995~2019 年，这 6 个国家的分部门杠杆率数据绘制图形，6 个国家的非金融企业部门杠杆率变动趋势具体见图 4-2，居民部门杠杆率变动趋势见图 4-3，政府部门杠杆率变动趋势见图 4-4。

4.1.2.1　非金融企业部门

如图 4-2 所示，美国非金融企业部门杠杆率由 1995 年的 55.9% 增长到 2019 年的 75.7%，15 年间仅上升不到 20 个百分点，整体处于低位缓慢上升的状态。澳大利亚 1995 年为 60%，之后一路攀升，2008 年达到研究期内的最高点 82.8%，2008 年后一直处于震荡波动下滑的趋势，2019 年下降为 72.9%。英国同样也呈现先上升后下降的变化趋势，2008 年达到研究期内的最高点（91.6%），金融危机后，一路震荡下降，2019 年仅为 70.7%，比金融危机的最高点下降了 19.9 个百分点。印度的非金融企业杠杆率在金融危机后，一直在 50% 附近低位运行。从 1995 年到 2019 年，日本非金融企业杠杆率一直处于震荡下行的趋势，日本的非金融企业杠杆率由 1995 年最高为 144.9% 一直下降到 2004 年的 100.9%，之后一直处于较为平稳的发展态势，2019 年为 103%。与这些国家不同，中国的非金融企业杠杆率在 2008 年后快速攀升，从 93.9% 上升到 2016 年的 159.5%，2019 年虽然略微有所下降，但仍然达到 149.4%，整体仍处于高位快速攀升的发展趋势。如果考虑到地方政府融资平台，非金融企业部门的杠杆率可能会进一步增长。

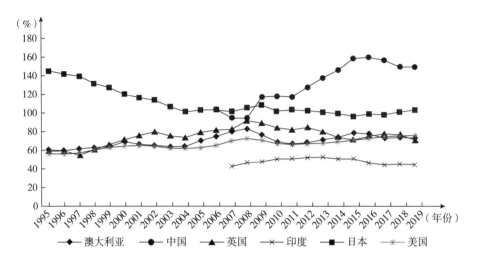

图 4-2 1995~2019 年 6 个典型国家非金融企业部门杠杆率变化趋势

4.1.2.2 居民部门

如图 4-3 所示，1995~2019 年，美国居民部门杠杆率先上升后下降，以 2007 年为分界点，美国居民部门杠杆率 2007 年最高达到 98.5%，之后快速进入下降的趋势，2019 年仅为 74.5%，10 多年间下降了 24 个百分点。英国同样也是先上升后下降，2009 年达到研究期内的最高点（96.4%），之后进入下降趋势，2019 年仅为 84%。1995~2019 年，日本非金融企业部门杠杆率逐步下降，从 1995 年的 71.4% 一路下降到 2019 年的 61.1%，整体处于低位运行。印度的居民部门杠杆率也是整体低位运行，基本保持在 10% 上下波动。澳大利亚 1995 年仅为 54.3%，之后一路震荡上行，2016 年达到研究期内的最高点 123.9%，近两年有所下降，2019 年为 119.5%，但仍然远高于其他 5 个国家。2006 年，中国的居民债务杠杆率仅为 10.8%，2008 年为 17.9%，以较快的速度一路上扬，2019 年达到 55.2%，但总体来看，中国居民部门杠杆率低于澳大利亚、英国、日本、美国 4 个国家，居民部门杠杆率整体水平并不高。这个时期，同期一些主要的发达国家居民部门杠杆率下降，而我国居民部门杠杆率上升趋势值得关注。2009~2011 年、2016~2018 年，实际上包括 2020 年，我国大、中城市房价轮番上涨，导致经济体系中存在着大量的购房者，购房者基于房价上涨的预期，认为投资房地产可以快速取得收益，不惜代价加大杠杆投资，这不仅大大推高了当时的房价水平，而且一定程度上加重了居民部门的偿债负担，推动了我国居民部门杠杆率这一时期快速持续攀升。

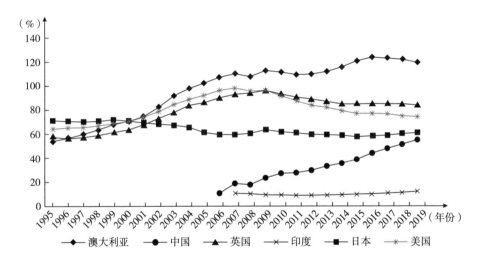

图 4-3　1995~2019 年 6 个典型国家居民部门杠杆率变化趋势

4.1.2.3　政府部门

这 6 个国家政府部门杠杆率变化趋势如图 4-4 所示，各国政府部门杠杆率变动趋势均比较平稳。增长趋势比较突出的是日本，日本政府部门杠杆率远高于其他 5 个国家，从期初的 84.1% 上升为 2019 年的 204.6%。印度政府部门杠杆率一直比较平稳，在 70% 上下波动。美国政府部门杠杆率先上升后下降，从 1995 年的 64.2% 下降到 2001 年的 48.4%，随后处于温和上涨的态势，2019 年达到 99.8%。英国政府部门债务杠杆率的增长趋势与美国走势相

债务杠杆的宏观经济效应研究

同，从期初的 42.8% 先上升后下降，2019 年达到 85.4%。澳大利亚政府部门杠杆率 1995 年为 33.6%，2019 年为 40%，一直在低位运行。中国政府部门的杠杆率与发达国家相比，整体水平较低，多年来增长较为平稳，1995 年政府部门杠杆率为 21.6%；2009 年涨幅较为明显，达到 34.6%；2019 年达到 52.9%，增加了 25.9 个百分点。横向比较仍然处于较低位置，但地方政府隐性债务不容忽视。2019 年，我国地方政府债务余额 21.33 万亿元，而且这些债务的偿还集中在 2020~2024 年，这些债务增加了政府资金周转的压力，如果考虑到政府隐性债务，我国政府部门杠杆率很可能存在被低估的现象。

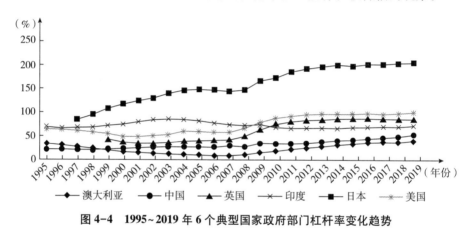

图 4-4　1995~2019 年 6 个典型国家政府部门杠杆率变化趋势

4.2　中国债务杠杆率的发展演进过程

诸多学者采用债务总额与 GDP 的比值衡量宏观债务杠杆率①。近年来，世界银行（WB）、国际清算银行（BIS）、马建堂（2016）等测算了中国的债

① 以上债务杠杆主要针对实体经济部门，包括居民部门、政府部门和非金融企业部门，本书主要考察实体经济部门的债务杠杆率。

·58·

务杠杆率。虽然测算方法和指标选用标准有所不同，但整体结果趋势一致。本章采用国际清算银行 1995~2019 年的债务杠杆率数据进行分析，这一期间，中国债务总杠杆率变化趋势具体如图 4-5 所示。

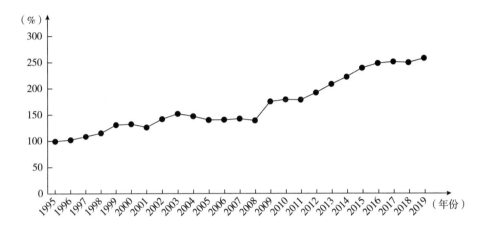

图 4-5 1995~2019 年中国债务总杠杆率变化趋势

由图 4-5 可知，1995 年，我国债务总杠杆率为 99.3%，2008 年达到 139%；2008 年后迅速上涨，2019 年达到 257.6%，年均上涨 10.55 个百分点。1995~2019 年，我国债务总杠杆率变化发展可以分为三个阶段：

第一阶段（1995~2003 年）：债务杠杆率处于平稳上升阶段。1995~2003 年，中国整体债务杠杆率水平平稳上升，由 1995 年的 99.3% 上升到 2003 年的 151.8%，8 年共上升 52.5 个百分点，年均上涨 6.56 个百分点，这一阶段，整体上升的速度较为平稳。

第二阶段（2003~2008 年）：债务杠杆率整体处于稳中有降阶段。亚洲金融危机之后，我国债务杠杆率水平迅速上涨，2003 年达到 151.8%，此后，从 2004 年开始下降，2008 年降为 139%，2004~2008 年，我国整体债务杠杆水平处于稳中有降的发展状态，基本维持在 140% 左右。

第三阶段（2008~2019 年）：债务杠杆处于快速攀升阶段。金融危机发生后，为减缓外围经济危机对我国经济的影响，我国实行了"四万亿"投资计划，刺激经济政策，加上宽松的货币政策，我国债务杠杆率水平自 2009 年开始快速攀升，2008 年我国债务杠杆率仅为 139%，2009 年迅速上涨为 175.1%，之后一路增长，2017 年达到 250.8%，2019 年更是达到了 257.6%，上涨了 118.6 个百分点。但从债务杠杆的增速来看，从 2016 年开始，整体债务杠杆率的环比涨幅开始放缓，2018 年债务杠杆率甚至开始出现了下降。2015 年底，中央经济工作会议明确提出"三去一降一补"五大经济任务，持续推动供给侧结构性改革，政策效果初现，然而受新冠疫情影响，2019 年我国债务杠杆率出现反弹，达到了 257.6%，未来稳杠杆任务不容忽视。

4.3 中国债务杠杆率的现状及结构演变

2008 年金融危机后，我国债务杠杆率大幅攀升，其中，国有企业杠杆率和地方政府隐性债务问题值得关注。目前，我国经济正处于新旧动能转换的特殊时期，需要更多的社会资源支持经济增长，而信贷资金的长期错配，导致资金过多流入"僵尸企业"，挤占了创新企业的信贷资源，不仅严重影响经济转型发展，而且不利于推动产业结构优化调整。2015 年底，随着供给侧结构性改革的推进，以及各类去杠杆政策措施的不断落实，债券违约总额上升。如何优化调整债务杠杆的结构，切实有效地解决债务杠杆率高企、资源错配等问题尤为重要。

4.3.1 中国债务杠杆率的发展现状

2008 年，在这 6 个国家中，中国债务总杠杆率仅为 139%（见图 4-6），远低于澳大利亚的 200.4%、英国的 239.8%、日本的 316%、美国的 240.1%。而 2019 年（见图 4-7），中国债务总杠杆率为 257.6%，仅低于日本的 382.3%，与英国（265.5%）、美国（253.6%）、澳大利亚（234.4%）基本持平，金融危机后，我国的债务总杠杆率迅速攀升。

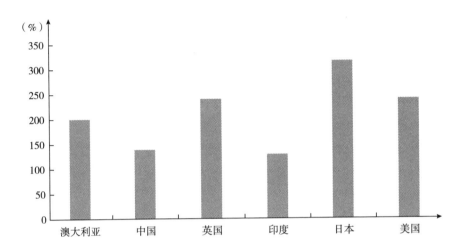

图 4-6　2008 年 6 个典型国家债务总杠杆率的横向比较

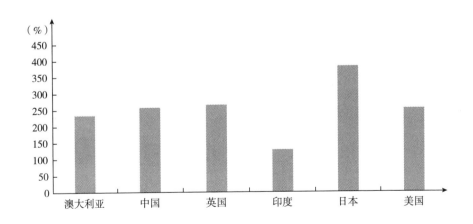

图 4-7　2019 年 6 个典型国家债务总杠杆率的横向比较

4.3.2　中国分部门债务杠杆率的演变特征

4.3.2.1　居民部门的杠杆率与发达国家相比仍然偏低

2008 年，中国居民部门的杠杆率为 23.5%；2019 年达到 55.2%（见图4-8 和图4-9），同期的美国为 74.5%，日本为 61.1%，横向比较，居民部门杠杆率的增长水平并不高，居民杠杆率提升有助于增加消费者的现期收入，有利于带动消费升级，拉动经济平稳增长。我国居民部门的杠杆率从 2008 年的 23.5% 上升到 2019 年的 55.2%。2019 年，居民部门债务规模同比增长 15.6%。数据显示，我国的住房贷款占家庭总负债高达 75.9%。2019 年底，个人住房贷款余额 30.2 万亿元，占家庭储蓄的 37.1%，我国居民的偿债比率为 11.5%，高于同期发达经济体的均值（9.7%），房价上涨预期、房贷快速增长提升了居民部门的债务杠杆水平，大量的资金进入房地产市场，转化为房贷，减少了居民用于消费升级的需求，进一步抑制了居民的消费升级，疫情影响使得家庭部门可能会增加储蓄，进一步减少消费，不利于经济发展。

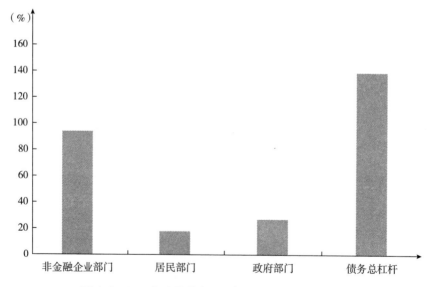

图4-8　2008 年中国债务总杠杆及分部门债务杠杆率

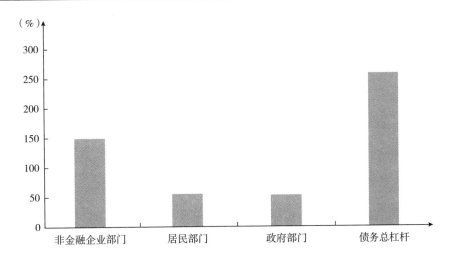

图 4-9 2019 年中国债务总杠杆及分部门债务杠杆率

4.3.2.2 非金融企业部门中国有企业的杠杆率过高

中国企业融资以银行贷款为主，2018 年，我国直接融资不超过 10%，而同时期美国超过 80%，日本也达到 75%。经济体系中如果企业主要依靠间接融资取得资金，企业的资产负债比率将会被提高。2018 年，中国非金融企业部门的杠杆率为 155.1%，而美国仅为 74.4%，数值为美国的 2 倍多。

部门内部，国有企业杠杆率较高，民营企业的杠杆率较低。预算软约束的存在使得国有企业较容易获得贷款支持，无形中提高了债务杠杆率。即使国有企业经营状况出现恶化，僵尸企业也可能获得资金，导致国有企业杠杆率攀升，但经济效益却没有获得显著提升，资金利用效率整体偏低。因此，预算软约束的存在不利于资源优化配置，真正有活力的公司融资无法得到有效满足，缺乏长期增长的动力。2008 年的"四万亿"投资计划，直接导致国有企业、地方政府等部门的快速加杠杆。

图 4-10 显示了 2006~2019 年中国各部门的杠杆率，可以看出，2008 年我国债务总杠杆为 139%，之后一路上涨，2017 年债务总杠杆上升趋势有所

放缓，2018 年为 249.4%，比 2017 年略有下降，2019 年出于疫情等原因，债务总杠杆率达到 257.6%，总体来看，2008~2019 年增幅为 118.6 个百分点。

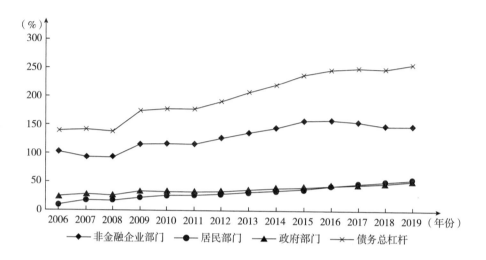

图 4-10　2006~2019 年中国各部门杠杆率演变

4.3.2.3　地方政府部门杠杆率高于中央政府杠杆率

我国政府部门杠杆率 2008~2019 年呈现逐年攀升的态势，2008 年为 27.1%，2019 年达到 52.9%（见图 4-8 和图 4-9）。政府部门债务增速从金融危机后逐步攀升。2019 年，我国政府债务规模同比增长 19.3%，增速在三个部门中最高。2019 年，发达经济体的政府杠杆率平均为 122.4%，新兴经济体为 62.0%。我国政府部门的杠杆率存在结构性差异。2018 年，中央政府和地方政府的杠杆率分别为 16% 和 35.6%，中央政府杠杆率不及地方政府的一半。基于地方政府 GDP 总量及增长率考核的驱动，导致地方政府部门不断加杠杆，杠杆率易上难下。地方政府借助其信誉等隐性依托大量融资，但其投资收益率较低，地方政府官员的某些投机行为也会产生严重的道德风险，无形中加大了地方政府部门的杠杆率水平和风险。

4.4   杠杆率结构失衡与经济转型背离的原因分析

4.4.1   预算软约束导致资金错配和杠杆率结构失衡

在经济发展过程中，民营企业为我国经济增长贡献了诸多技术创新成果，解决了大量的就业问题，对经济发展起着不可忽视的作用，但民营企业融资难问题一直没有获得有效解决。原因在于我国的信贷资源主要集中在大型国有企业。例如，在 2008 年金融危机后，国有企业凭借自身抵押物充足的优势，再加上国有企业预算软约束的影响，很容易就获得银行的信贷资金支持。数据显示，2018 年，我国僵尸企业资产负债率竟高达 71.6%，严重挤占了创新型企业所能获得的信贷资源，形成大量的资金错配，不利于提高资金的使用效率。

目前来看，经济体系中，由于信贷错配，我国的金融资源大量错配给了国有企业甚至是其中的部分"僵尸企业"，而急需资金支持的大量民营企业，却因为规模较小、预算软约束等多种因素的限制，长期遭受融资的歧视和困扰，由于资金不足等问题进一步阻碍了企业技术创新及科技成果的进一步转化，不利于企业的长期健康发展。总体来看，经济体系中的强监管政策、金融体系的信用收缩、预算软约束等使得信贷资源错配严重影响了经济发展速度和质量的提升，优化宏观债务杠杆结构迫在眉睫。

4.4.2   充足的资金供给助推债务杠杆率上涨

我国居民资金供给充足，企业负债水平不断上升。数据显示，2000 年，我国居民的储蓄率开始不断上升，2011 年达到历史最高水平为 51.8%，虽然后期逐步下降，但从横向国际比较，仍然处于较高水平。与投资及生产相比，我国居民消费增长略显乏力。只有转变信贷资金驱动经济增长的旧模式，使可持续推进的消费成为驱动经济增长的主要动力，才是发展的长久之计。在我国企业融资中，银行信贷是主要方式，推动企业创新能力，培育创新型企业的发展动力，是杠杆率结构性调整的关键目标。合理利用杠杆，调整优化杠杆结构，将更多的资源配置给创新型企业，加快经济结构转型，才是经济发展的最终目的。

4.4.3　工业部门去杠杆与房地产部门加杠杆叠加助推债务杠杆率上升

盛松成等（2014）认为，中国资金流向更多趋于产能过剩的大企业，以及投资收益率较高的房地产企业，这些企业天然具有较好的抵押品优势，一方面，银行等金融机构基于资金稳健安全的需要，会优先满足房地产企业的资金需求，挤占了工业部门获得信贷资源的机会，无形中推高了工业企业获得资金的成本；另一方面，房地产开发商基于利润驱动，会加大投资，导致土地溢价，也会推高工业企业投资的用地成本。房地产企业的资产收益率以及高收益带动了债务杠杆率快速上升；如果经济下行，工业部门资产收益率下降，资金被更多地配置到房地产部门，这样无形中会大量挤占工业企业部门的资金，使得这些部门的杠杆率下降。资本收入份额提升，工业企业资产收益率下降，大量资金进入房地产行业或者高收益的金融部门，推动全社会的债务杠杆率大幅上升，却没有切实有效地推动经济结构转型优化。

第5章 债务杠杆与经济增长的实证研究

1978~2019 年，中国经济快速增长，已成为世界第二大经济体。美国金融危机后，我国债务总杠杆率迅速扩张。数据显示：2008 年，我国的债务总杠杆率仅为 141.1%，2019 年上升为 249.5%，增加了 108.4 个百分点。经济体系中，如果金融杠杆得到合理运用，有助于推动经济增长，相反，如果债务杠杆率过高，则会使得经济发展落入"债务陷阱"。2015 年以后，我国出台了多项政策调控宏观经济债务杠杆，债务杠杆率在 2018 年出现了小幅下降（249.4%），但 2019 年再度攀升（257.6%），债务利用效率下降的问题多有出现。债务杠杆对经济增长的影响体现为资金是否实现了优化配置，如果资本在金融领域重复空转，就没有真正促进经济增长和结构优化，则无法实现金融发展促进经济增长的目的。传统的经济增长理论认为，资金问题制约经济发展，金融资源的有效利用是促进经济发展的前提，金融对经济增长的推动是否顺畅，依赖于金融功能的有效发挥，促进资金在时间、空间上的合理配置，进而推动经济增长。

以金融发展的数量角度界定，金融发展体现为数量的扩张和规模扩大，金融机构规模扩张，体现为金融资产的增加。金融规模扩张初期，可以有效提升实体经济部门的投资，对经济增长有利，但金融体系规模过度扩张，导致资金脱实向虚，在金融体系内部自我循环，金融资本转化功能下降，资金在金融体系内空转，推动债务杠杆水平上升，加重了融资主体的债务负担，却不能真正有效地促进经济增长。

从金融发展质的角度来看，金融体系中金融工具和金融机构的数量和结构变化，反映在金融结构上形成了不同的金融体系。金融结构影响实体经济部门融资。银行体系为主导的国家，实体经济部门更多通过银行信贷获得资金，导致债务总量规模扩张，债务杠杆水平上升，一旦出现外部事件的干扰，则不利于金融体系的稳定发展。

基于上述分析，在不同的发展阶段，金融与经济二者关系的变化将会直接影响金融资产转化为实体资本的效率，也会影响债务杠杆在宏观经济发展中的作用出现显著变化。因此，本章利用 1995～2019 年全球 43 个国家（地区）的跨国面板数据，系统研究债务杠杆对经济增长的影响。

5.1 模型设定、变量选择与指标说明

5.1.1 模型设定

5.1.1.1 基准模型设定

债务杠杆对经济增长的影响，受到金融发展程度的影响。根据世界银行对国家收入的分类，基于对世界经济的代表性和数据的可获得性，本书在全

球范围内运用 43 个国家（地区）① 1995~2019 年的年度数据，这 43 个国家
（地区）的 GDP 占到全球经济总量的 90% 以上，样本数据对全球经济发展情
况具有较好的代表性。运用这 43 个国家的跨国面板数据，实证研究债务杠杆
对经济增长的影响。模型设定时参考 Levine（2005）、杜强（2018）等的研
究，将债务杠杆作为解释变量，纳入经济增长模型中，具体如下：

$$GDP_{it}=a_0+a_1X_{it}+a_2FLE_{it}+\varepsilon_{it} \tag{5-1}$$

式（5-1）中，被解释变量 GDP_{it} 表示经济增长，下标 i 和 t 分别表示个
体和时间。a_0 表示常数项，核心解释变量 FLE_{it} 表示债务杠杆，X_{it} 表示经济
体系中影响经济增长的其他变量，ε_{it} 表示随机误差项。债务杠杆与经济增长
并非简单的线性关系，诸多学者的研究中也证实了这一点（马勇和陈雨露，
2017；张启迪，2020；王兴，2020）。

5.1.1.2 考虑金融发展因素的门槛面板模型

金融发展与经济增长之间的关系变化不仅影响金融资产转化为实物投资
的效率，而且导致债务杠杆在宏观经济发展中的作用呈现阶段性的变化。本
文考虑金融发展因素，基于门槛面板模型进一步论证债务杠杆对经济增长的
影响效应。

借鉴 Hansen（1999）提出的门槛回归方法，将金融发展作为门槛变量，构
建计量模型如式（5-2）所示：

$$GDP_{it}=a_0+a_1X_{it}+a_2FLE_{it}(fd\leqslant\gamma_1)+a_3FLE_{it}(fd>\gamma_1)+\varepsilon_{it} \tag{5-2}$$

---

① 本书选取 43 个国家（地区）。参照 BIS 的分类，分为发达经济体（22 个）和发展中经济体
（21 个），43 个主要国家（地区）GDP 占到全球经济总量的 90% 以上，对全球经济具有较好的代表
性。样本如下：澳大利亚、加拿大、比利时、奥地利、丹麦、希腊、芬兰、法国、德国、爱尔兰、意
大利、新西兰、荷兰、日本、卢森堡、西班牙、瑞典、美国、挪威、葡萄牙、瑞士、英国、巴西、智
利、阿根廷、中国、哥伦比亚、匈牙利、印度、捷克、中国香港、印度尼西亚、马来西亚、墨西哥、
沙特阿拉伯、以色列、韩国、俄罗斯、新加坡、波兰、土耳其、泰国、南非。

存在两个门槛值的模型具体如下：

$$GDP_{it}=a_0+a_1X_{it}+a_2FLE_{it}(fd\leqslant\gamma_1)+a_3FLE_{it}(\gamma_1<fd\leqslant\gamma_2)+a_4FLE_{it}(fd>\gamma_2)+\varepsilon_{it}$$

$$(5-3)$$

存在多个门槛值的模型具体如下：

$$GDP_{it}=a_0+a_1X_{it}+a_2FLE_{it}(fd\leqslant\gamma_1)+a_3FLE_{it}(\gamma_1<fd\leqslant\gamma_2)+\cdots+a_{n+1}FLE_{it}$$

$$(fd>\gamma_n)+\varepsilon_{it} \qquad (5-4)$$

式（5-4）中，GDP_{it} 表示经济增长，下标 i 和 t 分别表示个体和时间。X_{it} 表示控制变量，包括老龄化程度、城镇化水平、人口增长率、工业化程度、储蓄率、外资利用等影响经济增长水平的其他因素。FLE_{it} 表示债务杠杆。fd 表示门槛变量，衡量金融的发展程度。γ 表示门槛值。ε_{it} 表示随机误差项。

从函数公式看，门槛面板模型属于分段函数模型，以公式（5-2）为例，当 $fd\leqslant\gamma_1$ 时，FLE_{it} 的系数为 a_2；当 $fd>\gamma_1$ 时，FLE_{it} 的系数为 a_3，以此类推。当门槛变量金融发展水平 fd 小于或等于门槛值 γ 时，FLE_{it} 的系数估计值 a_2 显著为正，说明债务杠杆的提高会促进经济增长；如果为负，说明债务杠杆的提高会抑制经济增长。如果金融发展水平 fd 大于门槛值 γ，FLE_{it} 的系数估计值显著为正，债务杠杆的提高会促进经济增长；估计值为负，说明债务杠杆的提高不利于经济增长。如果金融发展处于不同的门槛区间，符号相同，数值不同，说明债务杠杆对经济增长存在不对称影响。

5.1.1.3 模型估计

如上文所述，公式（5-1）表示面板固定效应模型，采取 OLS 方法对参数进行估计，获取模型中参数的无偏估计量，运用组内 R^2 考察模型的整体拟合优度。

门槛面板模型（5-2）首先要确定模型中的门槛值 γ，门槛值确定后，进行模型参数估计，得到解释变量估计值和模型残差平方和 $S(\gamma)$。回归模型确定的门槛值 γ 与实际门槛值相比，越接近实际门槛值，残差平方和

S（γ）越小，计算并比较不同门槛值设定下模型的残差平方和 S（γ），残差平方和最小时，对应的门槛值为最优门槛值。借鉴 Hansen（1999）的"格点搜索法"，选择门槛变量的待选门槛值 γ 进行模型估计，残差平方和 S（γ）最小，确定最优的门槛值，完成回归模型的参数估计。接下来，对门槛效应的显著性、真实性进行检验。设定原假设 H_o：$a_1 = a_2$，当 $a_1 = a_2$ 时，不存在门槛效应；如果拒绝原假设，模型存在门槛效应，备择假设 H_1：$a_1 \neq a_2$ 成立，构造如下统计量：

$$F = (S_0 - S_n(r^*))/\hat{\sigma}^2 \tag{5-5}$$

式（5-5）中，原假设成立，S_0 表示回归模型的残差平方和；备择假设成立，回归模型的残差平方为 S_n，$\hat{\sigma}^2$ 表示估计残差的方差。对于最优门槛值 γ^*，通过自抽样法（Bootstrap）获得其渐进分布以及 p 值的构造。除了检验门槛效应的显著性，还需要检验门槛值的真实性。假定原假设 H_o：$\gamma = \gamma_0$，备择假设为 H_1：$\gamma \neq \gamma_0$，构造似然比统计量如下：

$$LR = (S_n(r) - S_n(r^*))/\hat{\sigma}^2 \tag{5-6}$$

式（5-6）中，原假设成立时，$S_n(\gamma)$ 表示回归模型的残差平方和，备择假设成立时，$S_n(\gamma^*)$ 表示回归模型的残差平方和，根据 Hansen（1999）给出的方法，计算其置信区间。当 $LR(\gamma) > c(a) = -2\ln(1 - \sqrt{(1-a)})$（$a$ 表示显著性水平）时，拒绝原假设，确定的门槛值不是模型的真实门槛值。

5.1.2　变量选择与指标说明

本部分确定模型中的被解释变量、核心解释变量、门槛变量及控制变量的代理变量，分析债务杠杆对经济增长的影响。

5.1.2.1　被解释变量

经济增长。采用多数经典文献的做法，用国内生产总值（GDP）衡量经济增长，具体运用 GDP 的对数值指标衡量。在进行稳健性检验时，采用人均国内生产总值（GDP）测算。

5.1.2.2 核心解释变量

债务总杠杆及分部门杠杆率。此处的债务总杠杆是指实体经济部门的债务杠杆。目前文献对债务杠杆的界定主要基于信贷资金的需求方和信贷资金的供给方两个角度（盛天翔和张勇，2019）：信贷资金的需求方主要为经济体系中的各类实体经济部门，信贷资金的供给方主要为金融体系中的各类金融部门。在宏观层面，资金需求方的杠杆率通常使用私人部门总信贷/GDP来衡量，各类经济体的供给方杠杆率，通常使用资本充足率来衡量。由于经济发展中，金融监管政策滞后，资本充足率很难及时准确地反映一国的真实杠杆。本书参考马勇和陈雨露（2017）的做法，使用私人部门总信贷/GDP衡量债务总杠杆（mfl）。在稳健性检验中，从货币供给的角度，选用 M2/GDP 这个指标衡量债务总杠杆。

分部门杠杆率包括非金融企业部门杠杆（nfl）、居民部门杠杆（rfl）、政府部门杠杆（gfl），指标具体的含义及计算方法见表5-1。

5.1.2.3 门槛变量

金融发展。20 世纪 90 年代以来，金融发展对经济增长产生了较大的影响。一方面金融创新和金融自由化的发展改变了银行业的市场结构，提高了金融效率，推动了全球经济增长；另一方面金融自由化和市场化放大了金融行业的脆弱性，增加了系统性风险的概率（王路加和郭亚妮，2017）。大量文献采用存款规模占 GDP 比重或者贷款规模占 GDP 比重来衡量金融发展，也有文献把银行业集中度、金融稳定性作为门槛变量衡量金融杠杆的门槛效应，结合既有文献的成果，本书主要从金融规模（fs）、金融效率（fe）、金融结构（fis）三个维度衡量金融发展。

5.1.2.4　控制变量

考虑到经济增长的综合性和复杂性，选择影响经济增长的其他变量加入模型，用以增强回归结果的可靠性，具体包括城镇化水平（城镇人口/总人口，记为 urb）、工业化程度（工业增加值/GDP，记为 ind）、老龄化程度（65 岁和 65 岁以上的人口/总人口，记为 age）、外资利用水平（外资净流入/GDP，记为 ofd）、人口增长率（人口增长的年度百分比，记为 pop）以及储蓄率（国内总储蓄/GDP，记为 dep）。

本书选取的样本数据，基本可以覆盖主要的发达经济体和新兴市场经济体。国际清算银行数据库（BIS）给出了全球 43 个国家及地区的债务总杠杆率和分部门杠杆率，经济增长、城镇化水平、工业化程度、老龄化程度、外资利用水平、人口增长率以及储蓄率、金融规模（fs）、金融效率（fe）等变量数据来源于世界银行的世界经济发展指标（WDI）数据库和 Wind 数据库，部分缺失的数据，采用插值法进行补充。

上述回归变量的类型、符号、名称以及计算方法如表 5-1 所示，各类回归变量的描述性统计如表 5-2 所示。

表 5-1　债务杠杆与经济增长研究的变量的类型、名称及计算方法

变量类型	变量符号	变量名称	计算方法
被解释变量	gdp	经济增长	GDP 取对数
	gdpp	人均经济增长	人均 GDP 取对数
核心解释变量	mfl	债务总杠杆	私人部门总信贷/GDP
	mfl	债务总杠杆	广义货币供给 M2/GDP
	nfl	非金融企业部门杠杆	非金融企业信贷/GDP
	rfl	居民部门杠杆	居民部门信贷/GDP
	gfl	政府部门杠杆	政府部门信贷/GDP
金融发展门槛变量	fs	金融规模	（银行信贷余额+股票市场市值）/GDP
	fe	金融效率	资本形成总额/总储蓄
	fis	金融结构	上市公司总市值/银行信贷余额

变量类型	变量符号	变量名称	计算方法
	urb	城镇化水平	城镇人口/总人口
	ind	工业化程度	工业增加值/GDP
控制变量	age	老龄化程度	65岁和65岁以上的人口/总人口
	pop	人口增长率	人口增长的年度百分比
	dep	储蓄率	国内总储蓄/GDP
	ofd	外资利用水平	外资净流入/GDP

表5-2　债务杠杆与经济增长研究的变量的描述性统计结果

变量	均值	方差	最大值	最小值
gdp	26.8751	1.2515	30.6553	23.7055
gdpp	9.7682	1.0842	11.6854	5.9913
mfl	191.1643	82.1800	438.9	41.8
nfl	82.8896	48.0021	341.3	13.11
rfl	50.5472	31.3787	137.91	0.512
gfl	56.8570	35.3078	203.9	1.6232
fs	181.0945	165.8981	1498.289	20.9632
fe	1.0129	0.3087	4.9026	0.4147
fis	1.1615	0.9844	9.1781	0.0915
urb	75.1363	15.3556	100	26.817
ind	27.5491	8.6595	66.7567	6.4795
age	12.6187	5.1154	27.5764	2.9300
pop	0.8630	0.7567	5.3215	-1.8537
dep	25.2807	8.2209	52.7523	3.0810
ofd	5.2018	10.0534	86.3229	-58.3229

5.2　计量结果及分析

5.2.1　基准回归结果

根据面板回归模型（5-1），使用静态面板模型考察债务杠杆对经济增长的作用。具体结果如表 5-3（不考虑金融发展的影响）所示。在进行实证回归时，本书分别对考虑控制变量和不考虑控制变量两种情况进行了回归分析，控制变量分两批加入，显示控制变量对模型回归结果的影响。表 5-3 中的第（1）列仅仅考察了债务杠杆对经济增长的影响；第（2）列和第（3）列分两批引入了相关控制变量。从表 5-3 可以看出，在模型（1）中，债务总杠杆的（mfl）系数为 0.0053，在 1% 的水平显著。在模型（2）和模型（3）的线性回归中，分步骤加入控制变量，第 1 批加入城镇化水平（记为 urb）、工业化程度（记为 ind）和人口增长率（记为 pop）。第 2 批加入老龄化程度（记为 age）、外资利用水平（记为 ofd）以及储蓄率（记为 dep）。债务总杠杆（mfl）的系数在 5% 的显著性水平均为正，表明债务杠杆的提高对宏观经济增长具有积极的推动作用。

表 5-3　债务总杠杆对经济增长的影响：基准回归

变量	(1)	(2)	(3)
mfl	0.0053 ***	0.0018 **	0.0013 **
	(5.27)	(2.13)	(2.00)
urb		0.0928 ***	0.0721 ***
		(7.14)	(6.24)
ind		0.0188 **	0.0359 **
		(2.15)	(2.27)
pop		0.1339 *	0.1136 *
		(1.75)	(1.83)
age			−0.0538
			(−1.27)
ofd			0.0030 **
			(2.36)
dep			0.0284 ***
			(2.77)
国家固定效应	是	是	是

续表

变量	（1）	（2）	（3）
时间固定效应	是	是	是
Adj R^2	0.2038	0.4963	0.5343
N	1075	1075	1075

注：＊、＊＊、＊＊＊分别表示在10%、5%、1%的水平通过了显著性检验，括号内为 t 统计量；所有回归结果的标准误经国家层面聚类调整。下同。

从控制变量来看，城镇化水平、工业化程度、人口增长率、储蓄率、外资利用水平均为正，老龄化水平系数为负值。城镇化水平、储蓄率在 1% 的水平显著；工业化程度、外资利用水平在 5% 的水平显著；人口增长率在10% 的水平显著。控制变量的结果与经验判断基本趋于一致，一国的城镇化水平加快和工业化水平提高，有助于推动经济增长；外资利用水平反映了一国经济发展对国外资金的利用水平，积极有效利用外资，以及外资利用水平的提高均能够显著拉动经济增长；储蓄率与经济增长正相关，说明一国的储蓄率增加，才可能形成足够的资金储蓄用于投资，实现持续的经济增长；在人力因素方面，人口增长可以促进当前消费的增加，推动经济增长，而老龄化程度的系数为负，虽然显著性不明显，但老龄化程度增加，社会中需要保障的老人数量增加，在一定程度上不利于经济增长。总体来看，这些结论与经济增长的经典理论和研究文献基本保持一致。

5.2.2 稳健性检验

前文分析了债务总杠杆（mfl）的系数在 1% 的显著性水平均为正，表明债务杠杆提高对宏观经济增长存在积极的推动作用。在前文分析中，经济增长采用 GDP 总量衡量，GDP 总量有助于我们从总体上了解一国（地区）所创造的总产出，人均 GDP 作为个体人均量，有助于我们从国民福利的角度对经济增长进行评估，实质上反映一个国家经济体的富裕程度。鉴于此，稳健性检验，采用人均 GDP 代替 GDP 总量进行回归，结果见表 5-4 的第（4）列，债务杠杆的系数在 10% 的显著性水平上为正，表明债务杠杆的提高对人均经济增长存在积极的推动作用。

债务总杠杆率，经典文献也常用 M2/GDP 进行稳健性检验。私人部门总信贷/GDP 从实体经济部门的总体负债对债务杠杆度量；M2/GDP 从金融供给的角度对债务总杠杆度量，使用 M2/GDP 有助于多角度验证结论的稳健，结果如表 5-4 的第（5）列所示，债务总杠杆的系数在 5% 的显著性水平为正，表明债务总杠杆对经济增长同样存在显著的正向影响，结论稳健。

不仅如此，我们还更换了估计方法对债务总杠杆与经济增长的关系进行检验，采用系统广义矩估计方法，引入 GDP 滞后一期（L. GDP）对债务总杠杆与经济增长的关系进行稳健性检验，如表 5-4 的第（6）列所示。从估计结果来看，与前面实证结果一致且模型通过了 Sargan 检验和二阶序列相关检验，模型的估计有效。

表 5-4　债务总杠杆对经济增长的影响：稳健性检验

变量	（RGDP） （4）	（M2/GDP） （5）	（SYS-GMM） （6）
L. GDP			0.8943 *** （8.05）
mfl	0.0029 * （1.71）	0.0065 ** （2.61）	0.0043 ** （2.32）
urb	0.0652 *** （5.92）	0.0662 *** （6.03）	0.0529 *** （3.68）
ind	0.0207 ** （2.33）	0.0354 ** （2.44）	0.0185 ** （1.99）
pop	0.1273 * （1.72）	0.0400 （0.78）	0.0953 ** （2.04）

续表

变量	（RGDP） （4）	（M2/GDP） （5）	（SYS-GMM） （6）
age	0.0572 （1.33）	0.0606 （0.95）	−0.0194 （−0.58）
ofd	0.0028 ** （2.56）	0.0060 ** （2.54）	0.0051 *** （2.71）
dep	0.0258 ** （2.56）	0.0408 *** （3.91）	0.0318 *** （3.15）
国家固定效应	是	是	是
时间固定效应	是	是	是
Adj R^2	0.4761	0.6366	
Sargan test			0.285
AR（1）			0.186
AR（2）			0.393
N	1075	1075	1032

表 5-5 分别对债务总杠杆和 GDP 增长率、人均 GDP 增长率进行实证回归，发现债务总杠杆与 GDP 增长率、人均 GDP 增长率呈显著的负相关关系，债务总杠杆对经济增长总量和人均 GDP 均保持正向促进作用，但与二者的增长速度却是负相关关系，说明债务总杠杆对经济增长的促进作用可能存在非线性影响，这与诸多学者的论证结果一致。表 5-5 的第（9）列给出了债务总杠杆波动对经济增长的影响，数据显示债务总杠杆波动（vmfl）与经济增长负相关，且在 1% 水平显著，债务杠杆波动加大不利于经济增长。

表 5-5　债务总杠杆对经济增长的影响：经济增长率与债务杠杆波动

变量	GDP 增长率 （7）	人均 GDP 增长率 （8）	LnGDP （9）
mfl	−0.0176 ** （−2.26）	−0.0175 ** （−2.36）	

变量	GDP 增长率 （7）	人均 GDP 增长率 （8）	LnGDP （9）
vmfl			−0.0236*** （−9.33）
urb	−0.0392 （−0.95）	−0.0387 （−0.94）	0.0418*** （3.17）
ind	0.2236*** （2.88）	0.2218*** （2.88）	−0.0039 （−0.40）
pop	−0.4883* （−1.88）	−0.5116* （−5.88）	0.0539 （0.87）
age	0.2404*** （2.81）	0.3380*** （2.81）	−0.0703*** （−2.85）
ofd	0.0310** （2.14）	0.0307** （2.04）	0.0020* （1.83）
dep	0.1585** （2.64）	0.1572** （2.63）	0.0183*** （3.19）
国家固定效应	是	是	是
时间固定效应	是	是	是
Adj R^2	0.1904	0.2106	0.7227
N	1075	1075	1075

5.3   进一步研究

5.3.1   金融发展视角下的门槛效应分析

基于以上研究，本部分引入金融发展的门槛变量，分析债务杠杆对经济增长的门槛效应。首先，根据模型（5-2），采用格点搜索法，选择模型的门槛估计值，金融发展的门槛效应检验如表5-6所示。表5-6中，经过检验，发现金融规模、金融效率、金融结构均存在显著的门槛效应，债务总杠杆的经济增长效应基于金融发展的不同水平会发生显著变化。以金融规模（fs）作为门槛变量，模型中存在两个门槛值（44.5838和112.2057）；以金融效率（fe）作为门槛变量，存在两个门槛值（1.1143和1.1791）；以金融结构（fis）作为门槛变量，存在三个门槛值（0.6216、1.5852和3.2974）。

表5-6 基于金融发展的门槛效应检验结果

门槛变量	检验类型	门槛值	F 值	临界值		
				10%	5%	1%
金融规模	单一门槛	44.5838***	400.43	122.1503	135.0255	194.3584
	双重门槛	112.2057**	48.48	34.9435	44.7093	71.3207
	三重门槛	67.2831	11.07	36.1908	45.1130	57.4685
金融效率	单一门槛	1.1143**	36.34	26.2888	30.4065	49.2116
	双重门槛	1.1791*	24.68	23.2389	27.2027	34.0251
	三重门槛	1.2104	4.39	19.3707	25.5131	38.2089
金融结构	单一门槛	0.6216***	38.64	18.8535	24.9457	29.5042
	双重门槛	1.5852**	26.24	16.2053	25.2952	35.2955
	三重门槛	3.2974*	21.90	20.6742	28.6425	40.8636

根据表5-6门槛效应的检验结果，确定门槛值之后，将金融规模、效率、结构分别作为门槛变量，估计债务总杠杆对经济增长的门槛效应（见表5-7）。从表5-7的回归结果可知，金融发展代理变量不同，门槛变量取值范围不同，且债务杠杆系数大小、显著性存在明显差异。

表 5-7　基于金融发展的门槛面板模型回归结果

变量	金融规模（fs）双重门槛	金融效率（fe）双重门槛	金融结构（fis）三重门槛
mfl	fs≤44.5838 -0.0062*** (-4.17)	fe≤1.1143 0.0022*** (4.43)	fis≤0.6216 0.0015*** (3.52)
	44.5838<fs≤112.2057 0.0040*** (3.83)	1.1143<fe≤1.1791 0.0027*** (3.75)	0.6216<fis≤1.5852 0.0021** (2.17)
	112.2057<fs 0.0028*** (5.08)	1.1791<fe 0.0048** (2.54)	1.5852<fis≤3.2974 0.0038** (4.18)
			3.2974<fis 0.0059** (2.38)
urb	0.0316*** (2.97)	0.0308** (2.31)	0.0259*** (2.87)
ind	0.0507** (1.36)	0.0169** (1.28)	0.0276** (1.71)
pop	0.3051** (2.44)	0.1078** (2.09)	0.0985** (1.92)
age	-0.0105 (-1.94)	-0.0093* (-2.08)	-0.0152 (-2.64)
ofd	0.0196** (2.16)	0.0221** (1.99)	0.0236*** (2.21)
dep	0.0157*** (3.13)	0.0095*** (3.34)	0.0098** (2.58)
国家固定效应	是	是	是
时间固定效应	是	是	是
Adj R^2	0.3068	0.3618	0.4017
N	1075	1075	1075

金融规模（fs）作为门槛变量进行门槛面板模型的回归结果如表5-7中的第2列所示，金融规模不同，债务总杠杆的回归系数差异较大，表明金融规模不同，债务总杠杆对经济增长存在显著的门槛特征，当其小于（等于）门槛值44.5838时，回归系数为-0.0062，债务总杠杆与经济增长负相关；金融规模位于（44.5838，112.2057]，债务总杠杆的回归系数转为正数，其数值为0.0040；大于第二门槛值112.2057时，债务总杠杆的回归系数为0.0028，可见，金融规模太小不仅无法满足实体经济投资者的资金需求，甚至无法满足经济正常发展的需要，影响经济增长，而随着金融规模扩大，债务杠杆对经济增长的促进作用增强。但金融规模太大又容易导致大量资金在金融体系内部空转，多种类的金融产品在金融体系中运转，盲目推高了企业的债务水平，导致债务杠杆率升高，并没有有效促进经济增长快速上涨。目前，在金融监管和融资体系相对不完善的前提下，盲目提高债务杠杆水平，并不能有效促进资金转化；经济中金融规模太大，经济主体基于趋利和套利的需求，大量资金会规避监管，流入收益率高的房地产、金融部门，而这些资金在金融领域流转，加重了经济主体的融资成本。这也说明金融规模扩张，一定程度提升了金融市场的系统性风险。当金融规模的扩张超过一定限度，将不利于债务杠杆对经济增长的推动。

金融效率（fe）作为门槛变量，如表5-7中的第3列所示。随着金融效率门槛值的变化，债务杠杆系数变化较大，其值小于（等于）1.1143时，系数为0.0022；金融效率位于（1.1143，1.1791]，系数为0.0027；金融效率大于1.1791，系数为0.0048。可见，随着金融效率的提高，债务杠杆对经济增长的推动作用提升，从0.0022到0.0027，再增加到0.0048。金融效率反映了经济主体储蓄转化成投资的能力，金融效率的大小取决于金融资源分配的结构，经济体系中金融效率较低意味着经济中金融资源分配结构存在不合理的现象，此时即使加大资金投入，提高债务杠杆，不仅不会有效推动经济增长，反而会带来金融资源的浪费。随着金融效率的提高有助于资金利用率的提高，此时债务杠杆的提高会大幅推动经济增长。可见，金融效率的提高有助于提升债务杠杆对经济增长的促进作用。

以金融结构（fis）为门槛变量，回归结果如表 5-7 中的第 4 列所示，债务杠杆对经济增长的影响存在三重门槛效应。金融结构小于等于门槛值 0.6216，系数为 0.0015；金融结构位于（0.6216，1.5852]，债务杠杆系数为 0.0021；金融结构位于（1.5852，3.2974]，债务杠杆系数为 0.0038；金融结构大于 3.2974，债务杠杆系数达到 0.0059。这说明金融结构的改善对债务杠杆的经济增长效应具有显著影响。企业的直接融资比重提升，经济主体的融资途径增加，有助于促进经济增长。以银行信贷为主的金融体系，经济主体更多地依靠银行体系的间接融资，不利于降低经济主体获取资金的成本，随着金融工具的创新发展，金融新业务不断出现，有助于促进金融结构优化，随着金融结构的改善，经济主体通过多种渠道获得资金，降低融资成本，促进经济增长。

在控制变量中，工业化程度、外资利用、人口增长率、储蓄率、城镇化水平对经济发展具有正向的促进作用。城镇化和工业化有助于推动经济增长。外资利用水平的系数显著为正，表明一国吸引外资的能力提高，随着外国投资增加，促进经济增长；人口增长率系数显著为正，表明人口增长促进当前消费增加，有助于增加未来劳动者的数量，促进经济增长。储蓄率增加代表了资金供给增加，可以有更多的资金转化为投资，促进经济增长，人口老龄化回归系数为负，代表人口老龄化不利于对经济增长的促进。

5.3.2　分部门债务杠杆对经济增长的影响

债务杠杆怎么去？并不是降低所有部门杠杆率都会促进经济增长，考虑金融稳定和经济增长，应该去哪个部门的杠杆？在债务杠杆对经济增长的影响分析中，显然，仅仅关注整体杠杆率是不够的，从关注债务总杠杆率到分部门债务杠杆率，研究分部门杠杆率的宏观经济效应确有必要。因此，在上述债务总杠杆对经济增长影响分析的基础上，接下来引入三部门债务杠杆率及其平方项系统研究分部门债务杠杆对经济增长的影响差异，具体结果如表5-8所示。

表 5-8　分部门债务杠杆对经济增长的影响

变量	（1）	（2）	（3）
nfl^2	−0.0002 ** (−1.64)		
nfl	0.0102 ** (2.38)		
rfl^2		−0.0011 *** (−4.10)	
rfl		0.0237 *** (5.30)	
gfl^2			−0.0001 ** (−1.00)
gfl			0.0025 ** (2.29)
urb	0.0562 *** (3.13)	0.0132 ** (2.28)	0.0321 * (1.87)
ind	0.0241 ** (1.39)	0.0036 * (0.26)	0.0026 ** (0.21)
pop	0.1344 ** (1.76)	0.0177 ** (2.38)	0.0282 ** (1.93)
age	−0.0763 *** (−3.44)	−0.0513 *** (−3.70)	−0.0269 ** (−2.54)

续表

变量	（1）	（2）	（3）
ofd	0.0021** (2.18)	0.0016** (2.36)	0.0013** (2.31)
dep	0.0203*** (2.96)	0.0101** (2.23)	0.0012 (1.19)
国家固定效应	是	是	是
时间固定效应	是	是	是
Adj R²	0.8144	0.8458	0.8767
N	1075	1075	1075

5.3.2.1　非金融企业部门

表 5-8 的第（1）列估计了非金融企业杠杆率对经济增长的影响，第（1）列的结果显示：非金融企业部门杠杆率的系数（0.0102）在 5% 的置信水平显著为正，而非金融企业杠杆率平方的系数（-0.0002）为负，也在 5% 的置信水平显著，说明非金融企业杠杆率与经济增长之间呈现较为显著的倒"U"型关系，随着非金融企业杠杆率的提高，GDP 增长呈先上升后下降趋势，非金融企业杠杆率较低时，增加其杠杆率，可以促进经济增长，拐点过后，如果再一味地依靠加杠杆并不能持续有效促进经济增长。上述结果在逐步加入控制变量后并未发生显著变化。

5.3.2.2　居民部门

同理，表 5-8 的第（2）列数据显示居民部门债务与杠杆率与经济增长之间也呈现倒"U"型的关系，居民部门债务杠杆率系数（0.0237）为正，居民部门债务杠杆率平方项的系数（-0.0011）为负，且均在 1% 的置信水平显著，居民部门杠杆率与经济增长存在显著的倒"U"型关系，居民部门加杠杆的初期，居民部门债务杠杆率水平较低，加杠杆可以增加居民部门的现期收入，有利于促进消费结构升级，但如果杠杆率继续上升，会导致债务负担加重，家庭流动性约束紧缩，提高家庭部门债务杠杆率，不利于经济主体的消费升级，对经济增长不利，居民部门债务杠杆率对经济增长的影响存在非对称效应。上述结果在逐步加入控制变量后并未发生显著变化。

5.3.2.3　政府部门

表 5-8 的第（3）列数据显示，政府部门债务杠杆率的系数（0.0025）为正，债务杠杆率平方的系数（-0.0001）为负，且在 5%的置信水平显著，说明政府部门杠杆率与经济增长存在显著的倒"U"型关系。杠杆率较低，政府部门增加负债，增加政府购买和转移支付，带动企业投资增加。但如果政府部门杠杆率继续升高，会挤出私人投资；并且政府部门杠杆率上升，会通过土地财政带动房价上升，促使投资者加杠杆进行房地产投资，导致实体经济的投资下降，不利于实体经济发展和经济增长。

5.4　本章小结

本章围绕债务杠杆，在前文理论分析的基础上，运用全球 43 个国家（地区）1995~2019 年的跨国面板数据，实证检验债务杠杆对经济增长的非线性影响。基于金融规模、金融效率、金融结构三个维度验证债务总杠杆对经济增长的门槛效应。在此基础上，分别研究不同部门杠杆率对经济增长的差异影响。主要结论如下：

第一，基于跨国面板模型的回归结果得出：随着债务杠杆水平的提高，经济增长速度先增加后逐渐减小，存在一个最优的债务杠杆率水平；在最优债务杠杆率之前，提高债务杠杆可以有效促进经济增长；超过最优的债务杠杆率，则不利于经济增长。

第二，根据门槛效应的检验结果，将金融规模、金融效率、金融结构分别作为门槛变量回归，结果显示：①金融规模太小，无法满足投资者的资金需求和经济正常发展的需要，拖累经济增长；随着金融规模扩大，债务杠杆对经济增长的促进作用增强。但如果金融规模太大，经济主体基于趋利和套利的需求，大量资金会规避监管，流入收益率高的房地产、金融部门等领域，导致资金大量在金融体系内部空转，并不能有效促进资金转化，将不利于债务杠杆对经济增长的推动。②把金融效率作为门槛变量分析，发现随着金融效率的提高，债务杠杆对经济增长的推动作用提升，金融效率的大小取决于金融资源分配的结构，经济体系中金融效率较低，即使加大资金投入，提高债务杠杆，不仅不会有效推动经济增长，反而会带来金融资源的浪费。随着金融效率和资金利用率的提高，有助于提升债务杠杆对经济增长的促进作用。③把金融结构作为门槛变量分析，发现金融结构的改善，对债务杠杆的经济增长效应具有显著影响。金融市场的快速发展，经济主体的融资途径增加，直接融资比重提升，有助于促进经济增长。银行信贷为主的金融体系，经济主体更多地依靠银行体系的间接融资，不利于降低经济主体获取资金的成本，随着金融工具创新发展，有助于促进金融结构优化，降低融资成本，有利于提高债务杠杆的经济增长效应。

第三，研究分部门债务杠杆对经济增长的影响，非金融企业杠杆率与经济增长呈现显著的倒"U"型关系，随着非金融企业杠杆率的提高，GDP 增长率呈先上升后下降趋势，一味地依靠加杠杆并不能持续有效促进经济增长。居民部门杠杆率与经济增长亦呈现显著的倒"U"型关系，杠杆率较低时，居民部门加大杠杆，有助于促进消费升级，推动经济增长；随着居民部门杠杆率持续走高，会导致家庭流动性约束紧缩、消费降低，对消费转型升级产生抑制作用，反而不利于经济增长。政府部门杠杆率与经济增长同样呈现倒"U"型关系，政府部门杠杆率较低时，政府部门债务增加负债，通过增加政府购买和政府转移支付，可以促进经济增长；但如果持续增加政府杠杆，会大量挤出私人投资，反而不利于经济增长。

第6章 债务杠杆与经济波动的实证研究

经济波动是宏观经济发展的重要内容，经济的剧烈波动不仅影响社会稳定，而且影响经济的持续健康发展。在我国当前稳杠杆的政策背景下，有必要对债务杠杆与经济波动的关系进行研究。

金融发展可以减轻信贷市场上的信息不对称，使企业融资减少对抵押物的依赖，抑制金融加速器效应，减少经济波动。Beck（2006）认为，金融中介的发展有助于降低债务对实体经济的冲击，但会强化对金融市场的冲击。王宇鹏（2015）、潘敏（2018）等认为金融发展程度越高，随着金融加杠杆的不断推进，金融业越会快速繁荣，虚拟经济发展迅速超过实体经济，导致风险在金融体系内快速积累。债务杠杆的优化调整有助于经济中资源的合理配置，实现金融领域的帕累托改进，引导经济重新快速发展；有助于缩短融资链条，使得资金脱虚向实，不断化解金融风险，进而抑制宏观经济波动。

6.1 模型设定、变量选择与指标说明

6.1.1 模型设定

6.1.1.1 基准模型设定

选用全球 43 个国家（地区）1995~2019 年的跨国面板数据，参考 Levine（2005）、杨有才（2014）等的研究思路，将债务杠杆作为解释变量，纳入以下模型，考察债务杠杆对经济波动的影响，模型设定如下：

$$vol_{it} = a_0 + a_1 X_{it} + a_2 FLE_{it} + \varepsilon_{it} \tag{6-1}$$

考虑到债务杠杆与经济波动之间可能并非简单的线性关系，金融发展与经济之间关系的变化不仅影响金融资产转化为实物投资的效率，而且导致债务杠杆在宏观经济发展中的作用呈阶段性变化，即债务杠杆的经济波动效应会受到金融发展程度的影响。本书考虑金融发展因素，基于门槛面板模型进一步论证债务杠杆对经济波动的影响效应。

6.1.1.2 考虑金融发展因素的门槛面板模型

使用 Hansen（1999）的门槛面板模型，构建模型如下：

$$vol_{it} = a_0 + a_1 X_{it} + a_2 FLE_{it}(fd \leq \gamma_1) + a_3 FLE_{it}(fd > \gamma_1) + \varepsilon_{it} \tag{6-2}$$

存在两个门槛值的模型如下：

$$vol_{it} = a_0 + a_1 X_{it} + a_2 FLE_{it}(fd \leq \gamma_1) + a_3 FLE_{it}(\gamma_1 < fd \leq \gamma_2) + a_4 FLE_{it}(fd > \gamma_2) + \varepsilon_{it} \tag{6-3}$$

存在多个门槛值的模型如下：

$$vol_{it} = a_0 + a_1 X_{it} + a_2 FLE_{it}(fd \leq \gamma_1) + a_3 FLE_{it}(\gamma_1 < fd \leq \gamma_2) + \cdots + a_{n+1}$$

$$FLE_{it}(fd > \gamma_n) + \varepsilon_{it} \qquad (6\text{-}4)$$

式（6-1）中，vol_{it} 表示宏观经济波动，下标 i 和 t 分别表示个体和时间，核心解释变量 FLE_{it} 表示债务杠杆，X_{it} 表示影响经济波动的其他主要变量，X_{it} 包括老龄化程度、人口增长率、城镇化水平、储蓄率、外资利用水平等影响经济波动水平的其他因素，作为控制变量加入模型。fd 表示门槛变量，衡量金融发展程度，γ 表示门槛值，ε_{it} 表示随机误差项。

6.1.2　变量选择与指标说明

6.1.2.1　被解释变量

经济波动（vol）。采用由 Hodrick 和 Prescott（1997）的 HP 滤波方法计算。经济波动体现为经济中 GDP 总量变化。采用 GDP 总量波动度量宏观经济波动。HP 滤波方法重点在于分离出趋势性成分，得到周期性成分。本书选取研究样本考察期内的国内生产总值 GDP、人均国内生产总值 GDP，对上述指标进行 HP 滤波处理，分离出的波动性成分即为经济波动（vol）。HP 滤波方法的基本原理可表述为，时间序列 Y_t 是由趋势性成分 gt 和周期性成分 ct 共同构成：

$$Y_t = g_t + c_t \qquad t = 1, 2, \cdots, T \qquad (6\text{-}5)$$

参考李晓芳和高铁梅（2001）的研究，HP 滤波主要分离趋势性成分，假定时间序列 $Y_t = \{y_1, y_2 \cdots y_n\}$，趋势性成分 $g_t = \{y_1^T, y_2^T, \cdots y_n^T\}$。

时间序列 Y_t 中不可观测的趋势性成分 g_t 通常被定义为以下损失函数最小化的解，即：

$$\min\left\{ \sum_{i=1}^{n} (y_i - y_i^T)^2 + \lambda \sum_{i=2}^{n-1} \left[(y_{i+1}^T - y_i^T) - (y_i^T - y_{i-1}^T) \right]^2 \right\} \qquad (6\text{-}6)$$

式（6-6）中，λ 为平滑系数，一般趋势性成分估计结果与 λ 值相关，

本书 λ 取值为100。

6.1.2.2 核心解释变量

债务总杠杆（mfl），稳健性检验时采用 M2/GDP。非金融企业部门杠杆（nfl）；居民部门杠杆（rfl），政府部门杠杆（gfl），计算方法如表6-1所示。

表6-1　债务杠杆与经济波动研究的变量的类型、名称及计算方法

变量类型	变量符号	变量名称	计算方法
被解释变量	vol	经济波动	样本考察期内国内生产总值，经 HP 滤波处理后的值进行度量
	volp	经济波动	样本考察期内的人均国内生产总值，经 HP 滤波处理后的值进行度量
核心解释变量	mfl	债务总杠杆	私人部门总信贷/GDP
	mfl	债务总杠杆	广义货币供给 M2/GDP
	nfl	非金融企业杠杆	非金融企业信贷/GDP
	rfl	居民部门杠杆	居民部门信贷/GDP
	gfl	政府部门杠杆	政府部门信贷/GDP
金融发展门槛变量	fs	金融规模	（银行信贷余额+股票市场市值）/GDP
	fe	金融效率	资本形成总额/总储蓄
	fis	金融结构	上市公司总市值/银行信贷余额
控制变量	urb	城镇化水平	城镇人口/总人口
	ind	工业化程度	工业增加值/GDP
	age	老龄化程度	65 岁和 65 岁以上的人口/总人口
	pop	人口增长率	人口增长的年度百分比
	dep	储蓄率	国内总储蓄/GDP
	ofd	外资利用水平	外资净流入/GDP

6.1.2.3 门槛变量

金融发展。金融发展主要从金融规模（fs）、金融投资效率（fe）、金融结构（fis）三方面界定衡量金融发展。

6.1.2.4　控制变量

除债务杠杆外，本书还将影响经济波动的其他变量加入模型，具体包括工业化程度（工业增加值/GDP，记为 ind）、老龄化程度（65 岁及 65 岁以上的人口/总人口，记为 age）、城镇化水平（城镇人口/总人口，记为 urb）、外资利用水平（外资净流入/GDP，记为 ofd）、人口增长率（人口增长的年度百分比，记为 pop）以及储蓄率（国内总储蓄/GDP，记为 dep）等。

本章选取 1995~2019 年全球 43 个国家及地区的平衡面板数据作为样本数据，所有数据均为年度数据，债务总杠杆率和分部门杠杆率等债务杠杆指标，来自国际清算银行数据库（BIS）。工业化程度、老龄化程度、城镇化水平、外资利用水平、储蓄率、金融规模、金融效率、金融结构等数据来源于世界银行 WDI 数据库和 Wind 数据库，缺失的数据，采用插值法进行补充。描述性统计结果如表 6-2 所示。

表 6-2　债务杠杆与经济波动研究的变量的描述性统计结果

变量	均值	方差	最大值	最小值
vol	26.8745	1.2482	30.6508	23.7329
volp	9.7676	1.0801	11.6255	5.9471
mfl	191.1643	82.1800	438.9	41.8
nfl	82.8896	48.0021	341.3	13.11
rfl	50.5472	31.3787	137.91	0.512
gfl	56.8570	35.3078	203.9	1.6232
fs	181.0945	165.8981	1498.289	20.9632
fe	1.0129	0.3087	4.9026	0.4147
fis	1.1615	0.9844	9.1781	0.0915
urb	75.1363	15.3556	100	26.817
ind	27.5491	8.6595	66.7567	6.4795
age	12.6187	5.1154	27.5764	2.9300
pop	0.8630	0.7567	5.3215	−1.8537
dep	25.2807	8.2209	52.7523	3.0810
ofd	5.2018	10.0534	86.3229	−58.3229

6.2 计量结果及分析

6.2.1 基准回归结果

根据上文设定的面板回归模型（6-1），使用静态面板模型分析债务杠杆对经济波动的影响，具体结果如表6-3所示。在进行实证回归时，本书分别对考虑控制变量和不考虑控制变量两种情况进行了回归，控制变量分两批加入。表6-3的第（1）列为根据模型（6-1）得到的回归结果，主要考察债务总杠杆对经济波动的影响；第（2）列和第（3）列分两批引入了相关控制变量。从表6-3可以看出，在模型（1）和模型（2）的回归结果中，债务总杠杆的系数在5%的显著性水平均为负，模型（3）的系数在1%的显著性水平为负，表明债务杠杆与宏观经济波动存在显著的负相关关系，去杠杆会加大宏观经济波动。债务杠杆水平一定的条件下，当金融市场信息不对称严重，金融加速器机制缺乏有效作用，金融创新过度，缺乏有效监管时，更容易发生经济波动。

表6-3 债务杠杆对经济波动的影响：基准回归

变量	（1）	（2）	（3）
mfl	−0.0017 ** （−2.22）	−0.0015 ** （−2.10）	−0.0016 *** （−2.00）
urb		0.0228 *** （2.11）	0.0242 ** （2.37）
ind		0.0040 *** （0.65）	0.0051 ** （0.27）

续表

变量	（1）	（2）	（3）
pop		0.0445 ** （1.92）	0.0064 ** （2.15）
age			−0.0818 * （−2.98）
ofd			0.0014 ** （2.43）
dep			0.0059 ** （1.88）
国家固定效应	是	是	是
时间固定效应	是	是	是
Adj R²	0.8313	0.8403	0.8616
N	1075	1075	1075

注：*、**、*** 分别表示 10%、5%、1% 的水平通过显著性检验，括号内为 t 统计量；所有回归结果的标准误差经国家层面聚类调整。下同。

　　在控制变量方面，无论是在模型（2）还是在模型（3）上，城镇化水平和工业化程度变量都在 5% 水平显著为正，即伴随着城镇化和工业化程度的提高，会促进经济向上波动。老龄化程度在 10% 水平显著为负，表明老龄化水平的上升会引起经济的向下波动。人口增长率在 5% 的水平显著为正，人口作为推动经济增长的重要元素，人口出生率增加不仅增加了未来的劳动力，而且增加了现期的消费，引起经济向上波动。储蓄率在 5% 显著水平为正，储蓄增加可以为经济增长带来充足的资金供给，带动经济向上波动。外资利用水平在 5% 水平显著为正，伴随着开放程度的提高和外资利用水平的加强，经济体受外部的正向冲击，引起经济向上波动。

6.2.2　稳健性检验

　　前文分析了债务杠杆的（mfl）的系数在 5% 的显著水平均为负，表明去杠杆加大了宏观经济波动。在前文分析中，经济增长采用了 GDP 总量指标进行度量，GDP 总量指标有助于我们从总体上了解一国（地区）所创造的总产出，但却无法直接衡量单位个体所创造的财富，后者常用人均 GDP 表示，鉴于此，在稳健性检验中，采用人均 GDP 指标代替 GDP 总量指标进行经济波动的测算，并进行稳健性检验，结果如表 6-4 所示，表 6-4 中的第（4）列数据显示，债务杠杆对经济波动的影响系数为 -0.0015，在 1% 的显著性水平为负，同样验证了去杠杆加大了经济波动。

表 6-4　债务杠杆对经济波动的影响：稳健性检验

变量	替换被解释变量 （volp） （4）	替换解释变量 （M2/GDP） （5）	更换估计方法 （SYS-GMM） （6）
L. volg			0.6236*** （4.78）
mfl	-0.0015*** （-1.81）	-0.0016*** （-2.90）	-0.0026** （2.23）
urb	0.0198*** （2.02）	0.0285** （1.89）	0.0529** （1.78）
ind	0.0052** （0.61）	0.0051** （0.44）	0.0085** （0.91）
pop	0.0253** （2.62）	0.0410** （2.12）	0.0287** （2.31）
age	-0.0525* （-1.84）	-0.0872** （-2.47）	-0.0078*** （-3.51）
ofd	0.0010** （2.36）	0.0034*** （2.09）	0.0021*** （3.36）
dep	0.0049 （0.56）	0.0111* （1.70）	0.0048 （1.15）
国家固定效应	是	是	是
时间固定效应	是	是	是

续表

变量	替换被解释变量 （volp） （4）	替换解释变量 （M2/GDP） （5）	更换估计方法 （SYS-GMM） （6）
Adj R^2	0.8176	0.8815	
Sargan test			0.162
AR（1）			0.295
AR（2）			0.394
N	1075	1075	1032

债务杠杆率方面，稳健性检验时我们采用 M2/GDP 指标代替。文中用 M2/GDP 指标作为债务总杠杆的代理变量进行分析，有助于多角度验证实证结论的稳健性，结果如表6-4 中的第（5）列所示，债务总杠杆的系数在1% 的显著性水平仍然为负，表明债务总杠杆对经济波动具有显著的负向影响。不仅如此，我们还更换了估计方法对债务总杠杆与经济波动的关系进行检验，采用系统广义矩估计方法对债务总杠杆与经济波动的关系进行稳健性检验，如表6-4 中的第（6）列所示，结论仍然成立，且经济波动滞后一期变量在 1% 的水平上显著为正，表明当期经济波动存在跨期连续的正效应。

在控制变量方面，城镇化水平和工业化程度均在 5% 的水平显著为正，表明随着工业化程度的提高和城镇化水平的推动，会引起经济向上波动。人口增长率在 5% 的水平显著为正，人口作为推动经济增长的重要元素，人口出生率增加不仅增加了未来的劳动力，而且有助于增加现期的消费，人口增长率的上升引起经济向上波动。资本形成率为正，表明经济运行中，储蓄率的上升，经济体中资金量比较充裕，有助于加大储蓄转化成投资的规模和力度，导致经济向上波动，但结论显著性不明显。外资利用系数为正，说明伴随着经济开放程度的提高，经济体受外部冲击的影响随之增加，会加剧经济的波动。

表6-5 分别用指标 GDP 增长率和人均 GDP 增长率计算经济波动，并对债务总杠杆和经济波动进行实证回归，结果均达到 5% 的显著性水平，债务总杠杆与经济波动亦呈显著的负相关关系。表 6-5 的第（9）列给出了债务总杠杆波动（vmfl）对经济波动的影响，数据显示债务总杠杆波动与经济波动正相关，债务总杠杆波动加大会进一步刺激宏观经济波动，增加经济的不稳定性，结论与诸多经典文献的论证一致。

表6-5 债务杠杆对经济波动的影响：经济增长率的波动率与宏观杠杆波动

变量	GDP 增长率的波动 (7)	RGDP 增长率的波动 (8)	GDP 波动 (9)
mfl	-0.0131** (-2.50)	-0.0135** (-2.59)	
vmfl			0.0314*** (9.19)
urb	0.0366** (1.78)	0.0431*** (0.97)	0.0243* (1.77)
ind	0.1129* (1.82)	0.1155** (1.75)	0.0051*** (0.63)
pop	0.1502*** (2.53)	0.1326*** (2.73)	0.0072** (2.16)
age	-0.1396** (-2.23)	-0.1380*** (-2.09)	-0.0903*** (-3.72)
ofd	0.0077** (0.72)	0.0078** (1.04)	0.0012** (1.75)
dep	0.0991** (2.19)	0.0923** (2.01)	0.0104** (2.11)
国家固定效应	是	是	是
时间固定效应	是	是	是
Adj R^2	0.3721	0.3848	0.8541
N	1075	1075	1075

6.3　进一步研究

6.3.1　金融发展视角下的门槛效应分析

在上述实证分析的基础上，进一步根据门槛面板模型（6-2），考察不同金融发展水平下，债务杠杆对经济波动影响的门槛效应。根据门槛面板回归模型，采用格点搜索法，确定模型的门槛估计值，并对门槛效应的显著性、真实性进行检验，结果如表 6-6 所示。

表 6-6　基于金融发展的门槛效应检验结果

变量	模型	门槛值	F 值	临界值		
				10%	5%	1%
金融规模	单一门槛	44.0484***	416.73	129.9818	146.7162	185.8356
	双重门槛	102.3952	30.95	42.2948	51.2881	71.2266
	三重门槛	82.2521	11.95	47.4656	52.5695	74.1935
金融效率	单一门槛	0.9448***	38.39	26.3913	33.3565	54.9376
	双重门槛	1.0698**	27.85	20.6731	25.9464	36.3759
	三重门槛	1.1564*	24.19	20.3389	24.3488	31.3759
金融结构	单一门槛	0.7592***	48.64	20.5963	26.3965	39.3861
	双重门槛	1.9632**	26.58	18.8520	23.3066	33.2964
	三重门槛	3.2974	11.90	17.6639	23.8621	35.8650

在表 6-6 中，金融规模、金融效率、金融结构均存在门槛效应，表明债务总杠杆率的经济波动效应具有显著的门槛特征。以金融规模（fs）作为门

槛变量，单一门槛效应显著，在1%的水平显著，模型中存在一个门槛值；以金融效率（fe）作为门槛变量，在10%的水平显著，模型中存在三个门槛值；以金融结构（fis）作为门槛变量，在5%的水平显著，存在双重门槛效应，模型中存在两个门槛值。根据表6-6的结果，将金融规模、金融效率、金融结构作为门槛变量，估计债务总杠杆率对经济波动的作用，结果如表6-7所示。从表中可知，不同的金融发展代理变量、债务杠杆对经济波动的影响存在显著的门槛效应。

表6-7 基于金融发展门槛效应的回归结果

变量	金融规模（fs）单一门槛	金融效率（fe）三重门槛	金融结构（fis）双重门槛
mfl	fs≤44.0484	fe≤0.9448	fis≤0.7592
	-0.0059***	-0.0052***	-0.0046***
	(-9.97)	(-4.33)	(-5.96)
	44.0484<fs	0.9448<fe≤1.0698	0.7592<fis≤1.9632
	-0.0061***	-0.0047***	-0.0011**
	(-6.46)	(-6.75)	(-2.54)
		1.0698<fe≤1.1564	1.9632<fis
		0.0026**	0.0048**
		(5.54)	(5.93)
		1.1564<fe	
		0.0048***	
		(7.87)	
urb	0.0135**	0.0098*	0.0039**
	(1.61)	(1.80)	(1.78)
ind	-0.0018	-0.0072	-0.0051
	(-0.36)	(-0.92)	(-1.23)
pop	0.0106**	0.0194**	0.0072**
	(2.48)	(2.38)	(2.10)

续表

变量	金融规模（fs）单一门槛	金融效率（fe）三重门槛	金融结构（fis）双重门槛
age	−0.0486*** （−3.23）	−0.0231*** （−4.19）	−0.0185*** （−2.89）
ofd	0.0049** （2.07）	0.0112** （1.93）	0.0101** （2.08）
dep	0.0079** （1.81）	0.0126** （2.21）	0.0094** （2.43）
国家固定效应	是	是	是
时间固定效应	是	是	是
Adj R^2	0.4693	0.5197	0.3796
N	1075	1075	1075

金融规模（fs）作为门槛变量的回归结果，如表6-7中的第2列所示，金融规模不同，债务总杠杆系数存在显著差异，且在1%水平显著为负。具体来看，当金融规模小于（或等于）44.0484时，债务总杠杆系数为−0.0059，债务总杠杆率与宏观经济波动负相关；金融规模大于44.0484时，债务总杠杆的系数为−0.0061，可见，金融规模扩大，债务总杠杆对宏观经济波动的影响加大，金融规模的扩张加大了宏观经济波动的幅度。金融作为经济发展的关键推动力，金融规模太小无法满足经济增长的需要，而规模太大，经济主体基于趋利和套利的需求，大量资金则会规避监管，流入金融领域投机获利，这样不仅拉长了流转链条，而且加重了实体经济部门的融资成本，金融规模的过度扩张导致债务杠杆加大了经济波动。

表6-7中的第3列是金融效率（fe）作为门槛变量的回归结果，金融效率小于（或等于）0.9448，经济波动系数为−0.0052，随着金融效率提高，位于（0.9448，1.0698]，债务杠杆系数为−0.0047；当金融效率位于（1.0698，1.1564]时，系数为0.0026；当金融效率大于1.1564，影响系数

为 0.0048。可见，当金融效率整体处于低水平时，债务杠杆与经济波动负相关，去杠杆加大了经济波动，随着金融效率的提高，债务杠杆对经济波动的影响逐步减弱。结合实践来看，金融效率反映了金融资源的投入与产出，金融效率较低，金融资源分配存在不合理问题，提高债务杠杆，不仅不会有效推动经济增长，反而引起资源浪费，拉动经济向下波动；只有提高金融效率，资金逐步得到合理高效的运用，此时债务杠杆提高有助于促进宏观经济向上波动。

表 6-7 中的第 4 列是以金融结构（fis）作为代理变量，债务杠杆对经济波动的影响存在双重门槛效应，金融结构低于门槛值 0.7592 时，债务杠杆系数为 -0.0046，当金融结构位于（0.7592，1.9632]时，系数为 -0.0011，当金融结构大于 1.9632，系数为 0.0048，均在 5% 的统计水平上显著。金融结构的改善、金融创新的发展、融资渠道的多元化，使得实体经济部门能够改善和优化金融结构，进而促使经济向上波动。

控制变量的回归结果显示，城镇化水平、人口增长率、外资利用水平、储蓄率对经济波动具有正向的促进作用，且在 1% 或 5% 的水平显著，说明随着城镇化水平的提高，一国经济也会向上波动。外资利用水平的系数显著为正，表明一国吸引外资的能力提高，随着外国投资增加，一定程度促进经济向上波动；人口增长率的系数显著为正，表明由人口增长所带来的人力资本积累，促进经济向上波动。储蓄率在 1% 的水平显著为正，储蓄率增加有助于促进经济向上波动。老龄化水平系数为负，且在 1% 的水平通过了显著性检验，老龄化水平的提高促进经济向下波动。

6.3.2 分部门债务杠杆对经济波动的影响

在债务杠杆对经济波动的影响分析中，显然，仅仅关注债务总杠杆率是不够的，去杠杆政策正在逐步细化，因此，在上述债务总杠杆对经济波动影响分析的基础上，进一步研究分部门债务杠杆对经济波动的影响，具体结果如表 6-8 所示。

表 6-8　债务杠杆对经济波动的影响：分部门债务杠杆

变量	（1）	（2）	（3）
nfl	−0.0005 ** （−0.62）		
rfl		0.0047 ** （2.45）	
gfl			−0.0060 *** （−6.89）
urb	0.0079 （0.80）	0.0134 * （0.92）	0.0296 （1.63）
ind	−0.0020 （−0.36）	−0.0001 （−0.26）	−0.0001 （−0.11）
pop	0.0233 ** （2.53）	0.0097 * （1.72）	0.0213 * （1.82）
age	−0.0786 *** （−3.49）	−0.0862 *** （−4.02）	−0.0481 ** （−2.42）
ofd	0.0014 ** （2.18）	0.0016 * （1.80）	0.0018 ** （2.61）
dep	0.0037 *** （2.64）	0.0087 ** （1.95）	0.0011 ** （2.19）
国家固定效应	是	是	是
时间固定效应	是	是	是
Adj R^2	0.8384	0.8425	0.8822
N	1075	1075	1075

表6-8 的第（1）列显示了非金融企业部门杠杆率对经济波动的影响，结果显示：非金融企业部门杠杆率的系数显著为负（-0.0005），非金融企业杠杆率与经济波动之间显著负相关，因此，一味地依靠非金融企业部门加杠杆并不能持续有效促进经济增长，相反会增加宏观经济波动，促进宏观经济向下波动，上述结果在逐步加入控制变量后并未发生显著变化，控制变量对非金融企业杠杆率的影响与债务总杠杆率的影响基本一致。

表6-8 的第（2）列显示居民部门杠杆率与经济波动之间呈现显著的正相关关系，当居民部门杠杆率的系数为 0.0047，在 5% 的置信水平显著，当居民部门杠杆率水平较低时，居民部门通过加杠杆，增加现期消费，拉动经济增长，促进消费升级，拉动经济向上波动。

表6-8 的第（3）列数据显示，政府部门杠杆率的系数为负（-0.0060），说明政府部门杠杆率较低时，政府部门增加负债，增加政府购买和转移支付，可以促进经济向上波动。但如果盲目持续增加政府部门杠杆率，会挤出私人投资，不利于经济增长，拉动经济向下波动。

6.4　本章小结

本章实证研究了债务总杠杆、债务杠杆波动与经济波动之间的关系。基于金融规模、金融效率、金融结构三个维度验证了债务总杠杆对经济波动的影响会随着金融发展水平的变化呈现显著的门槛效应。在此基础上，进一步从非金融企业部门、居民部门、政府部门角度，分析不同部门的杠杆率对经济波动的影响。

第一，本章的研究结果表明：债务总杠杆率与宏观经济波动存在显著的负相关关系，债务总杠杆率上升会引起经济向下波动。债务总杠杆率波动与经济波动正相关，即债务总杠杆率波动加大会扩大宏观经济波动，增加经济的不稳定性。在债务杠杆率水平一定的条件下，如果金融市场信息不对称严重，金融加速器机制缺乏有效作用、金融创新过度，以及缺乏有效监管时，更容易引发经济波动。

第二，由前文模型分析可知，金融规模、金融效率、金融结构均存在门槛效应，表明债务总杠杆率的经济波动效应具有显著的门槛特征。以金融规模作为门槛变量回归，发现金融规模不同，债务总杠杆系数存在显著差异，且在1%水平显著为负。在经济体系中，金融规模扩大，债务总杠杆对宏观经济波动的影响加大，金融规模的过度扩张增加了金融市场的系统性风险水平，导致债务杠杆加大了宏观经济波动。以金融效率作为门槛变量，经济中金融效率较低时，金融资源分配结构不合理，提高债务杠杆，不仅不会有效推动经济增长，反而引起资源浪费，拉动经济向下波动；随着金融效率的提高，资金逐步得到合理高效的运用，此时债务杠杆提高有助于促进宏观经济向上波动。以金融结构作为代理变量，债务杠杆对经济波动的影响存在双重门槛效应，随着金融结构的改善，企业等部门直接融资规模的增加，融资渠道的多元化，以及金融结构的优化，有利于企业获得多方面的融资，扩大生产规模，促进经济向上波动。

第三，在上述债务总杠杆率对经济波动影响分析的基础上，进一步研究分部门债务杠杆对经济波动的影响，非金融企业部门杠杆率与经济波动之间呈现显著的负相关关系。即非金融企业部门杠杆率增加短期内可以促进经济增长，但如果一味地依靠加杠杆，并不能持续有效促进经济增长，相反会促进宏观经济向下波动。居民部门杠杆率与经济增长呈现显著的正相关，居民部门加杠杆可以增加现期消费，促进经济增长和消费升级，进而拉动经济向上波动。政府部门杠杆率的系数为负，说明政府部门加杠杆会促进经济向下波动。政府部门杠杆率较低时，政府部门增加负债，增加政府购买和转移支付，有利于促进投资，增加居民部门消费，促进经济向上波动。但如果持续增加政府部门的杠杆率，会挤出大量的私人投资，反而不利于经济增长，拉动经济向下波动。

第7章　债务杠杆与金融
稳定的实证研究

在社会信用体系中，银行体系的健康发展与经济增长、金融稳定息息相关，亦很容易受到实体经济债务风险的影响。研究表明，债务杠杆率的提高，一定程度上有利于提高金融资源的配置效率，促进银行信贷扩张，有助于推动经济增长，但过高的杠杆率亦会反映出银行放贷过度，加大了银行业的风险积累，不利于银行业乃至整个金融体系的稳定。

商业银行高负债经营的特点决定了其天然具有加杠杆的冲动，随着杠杆率的升高，股权资本的回报率增加，而金融机构的亏损由资本来吸收，这种"可控损失，不限利润"的利益运行机制，一定程度会刺激银行体系利用高杠杆进行投机。金融高杠杆从另一个角度反映的是实体经济部门债务杠杆的扩张。由于金融机构的层层套利，导致实体经济部门配置资产的风险升高，一旦企业发生信用违约，极易造成通货紧缩和风险积累。而且随着金融业务交叉、嵌套以及债务链条的不断延伸，使得风险极容易被传播和扩散，通过债务杠杆的传导机制进一步扩大金融风险。债务杠杆率变动与金融稳定之间存在风险传播效应，实体经济部门债务杠杆率提高是否会显著增加银行体系的风险承担，由于部门杠杆率水平的非均衡性，分部门债务杠杆率对金融稳定的影响是否具有差异性？我国金融体系属于银行主导型，考虑数据的可得性，本章债务总杠杆率对金融稳定的影响，主要基于银行体系风险承担的角度，分析债务杠杆是否加大了银行体系的风险承担，不同部门杠杆率变化对银行业风险承担是否会有显著差异？该问题的研究对于债务杠杆合理调控，维护金融稳定具有重要的现实意义。

7.1　模型设定、变量选择与指标说明

7.1.1　模型设定

借鉴 Delis（2011）、吴立力等（2018）研究银行业风险承担的模型，运用银行业风险承担反映金融稳定，将债务杠杆指标纳入方程，建立静态面板回归模型，具体表达式如下：

$$RISK_{it} = \beta_o + \beta_1 FLE_{it} + \beta_2 X_{it} + \beta_3 M_{it} + \varepsilon_{it} \qquad (7-1)$$

式（7-1）中，$RISK_{it}$ 表示国家 i 在年份 t 的银行业风险承担；FLE_{it} 表示债务杠杆的相关变量，包含债务总杠杆（mfl）、非金融企业部门杠杆（nfl）、居民部门杠杆（rfl）、政府部门杠杆（gfl）；X_{it} 表示银行层面的控制变量；M_{it} 表示宏观层面控制变量；ε_{it} 表示随机误差项。

7.1.2　变量选择与指标说明

7.1.2.1　被解释变量

银行业风险承担（RISK）。本章主要基于银行业风险承担进行分析，考虑数据的连续性和可测性等因素，现有文献关于银行风险承担的度量较多采

用经营风险度量法和破产风险度量法。经营风险度量法主要从银行日常经营中遇到的信用风险或流动性风险角度考察金融稳定水平，常用的代理变量有贷款损失准备率、不良贷款率等。破产风险度量法是以银行收益和利润的波动情况来代表其风险水平，常用 Z-score 指标，考察银行资本对破产损失的抵补和缓冲能力。本章采用银行业风险承担反映金融稳定，银行业风险承担变量选用不良贷款率（npl）表示，具体测算方法如表 7-1 所示。为了更全面地反映债务杠杆对银行业风险承担的影响，在稳健性检验中，使用破产风险度量法中的 z 值（Z-score）进行检验。

7.1.2.2 核心解释变量

债务杠杆（FLE）。债务总杠杆是指实体经济部门的债务杠杆率。选用私人部门总信贷/GDP 表示。稳健性检验采用 M2/GDP 衡量债务总杠杆。分部门杠杆率包括非金融企业部门杠杆率（nfl）、居民部门杠杆率（rfl）和政府部门杠杆率（gfl）。

7.1.2.3 控制变量

本章主要包括宏观经济和银行体系两个层面的控制变量。银行业层面控制变量选用银行集中度（cr5）、银行业流动性（lq）、银行盈利结构（nimn）等变量进行控制。宏观经济用经济发展水平（grow）、通货膨胀水平（rf）两个变量进行控制。债务杠杆数据来源于国际清算银行数据库（BIS），其他数据来源于世界银行的 WDI 数据库。

变量的含义及度量方式如表 7-1 所示，变量的描述性统计如表 7-2 所示。

表 7-1 债务杠杆与金融稳定研究的变量的类型、名称及计算方法

类型	变量	含义	度量方式
被解释变量	npl	不良贷款率	不良贷款/贷款总额
	z	Z 值	（资产收益率均值+资本资产率）/资产收益率方差

类型	变量	含义	度量方式
核心解释变量	mfl	债务总杠杆	私人部门总信贷/GDP
	nfl	非金融企业部门杠杆	非金融企业信贷/GDP
	rfl	居民部门杠杆	居民部门信贷/GDP
	gfl	政府部门杠杆	政府部门信贷/GDP
控制变量	cr5	银行集中度	前五家银行总资产/全部银行总资产
	nimn	银行营利结构	（利息收入－利息支出）/平均生息资产
	lq	银行业流动性	流动资产/（存款+短期资金）
	roa	银行资产回报率	税后利润/总资产
	grow	经济发展水平	GDP 增长率
	rf	通货膨胀水平	CPI 增长率

表 7-2　债务杠杆与金融稳定研究的变量的描述性统计结果

变量	均值	方差	最大值	最小值
npl	4.213	5.09	0.21	29.8055
z	13.5311	6.891	0.02	46.9511
mfl	191.1643	82.18	438.9	41.8
nfl	82.8896	48.0021	341.3	13.11
rfl	50.5472	31.3787	137.91	0.512
gfl	56.857	35.3078	203.9	1.6232
cr5	77.001	17.6202	28.1101	108.8302
nimn	2.661	1.7701	-0.42	11.6601
lq	32.0301	18.54	-13.64	127.97
roa	0.8302	1.1401	-0.8502	8.2011
grow	2.9411	3.1505	-10.8903	25.1203
rf	3.0701	4.1611	-4.47	54.9201

7.2　计量结果及分析

7.2.1　基准回归结果

根据前文的模型设定，本部分债务杠杆选用私人部门总信贷/GDP，从实证角度考察债务杠杆对金融稳定的影响，并进一步展开多维度的稳健性分析，以确认结论的稳定性和可靠性。

根据前面模型（7-1），运用不良贷款率（npl）衡量银行业风险承担，分析债务杠杆对金融稳定的影响，并通过逐步添加控制变量，考察控制变量对回归结果的影响，具体结果如表7-3所示。在表7-3中，模型（1）仅包含了债务总杠杆，模型（2）逐步添加了银行业层面的控制变量，模型（3）进一步添加了宏观经济层面的控制变量。

表7-3　债务总杠杆对金融稳定的影响：基准回归

变量	（1）	（2）	（3）
mfl	0.085***	0.0854***	0.0893***
	(2.37)	(2.97)	(3.21)
cr5		0.1341**	0.1229**
		(2.06)	(2.05)
nimn		0.2765*	0.2585
		(0.81)	(0.58)
lq		−0.0493	−0.0514
		(−1.03)	(−1.12)
roa		−0.4262***	
		(−2.28)	
grow			−0.0336**
			(−1.84)
rf			−0.1856
			(−0.49)
国家固定效应	是	是	是
时间固定效应	是	是	是
Adj R^2	0.4003	0.4715	0.4871
N	1075	1075	1075

注：*、**、***分别表示10%、5%、1%水平通过显著性检验，括号内为 t 统计量；所有回归结果的标准误差经国家层面聚类调整。下同。

从表7-3的数据可知，债务总杠杆率（mfl）的系数为正，且在1%的置信水平显著。表明债务总杠杆率上升，增加了银行业风险承担。债务杠杆率上升，则意味着全社会的债务总量的增长速度提高，提高了银行业风险承担。验证债务杠杆的银行风险承担传导渠道确实存在，债务杠杆上升期，实体经济各部门通过增加贷款，纷纷加杠杆，银行体系也基于未来经济上行的预期，增加信贷量，增加了银行体系的信用风险，不利于金融稳定。

综上所述，随着控制变量的逐步加入，结果并未发生明显改变，模型回归结果稳健。具体来看，银行集中度系数（0.1341）为正，且在5%的置信水平显著，这一指标为正值，说明银行业资产规模集中程度提高，加大了风险积聚，增加银行业风险承担，不利于金融稳定。银行资产回报率（-0.4262）与银行业风险承担负相关，银行资产回报率增加，银行不良贷款率下降，有助于降低银行业风险承担，提高金融的稳定性。银行流动性的回归系数（-0.0493）不显著，根据陆岷峰和吴建平（2018）的观点，流动性增加一定程度上会降低银行业的风险承担，但经济体系中的流动性充足又会激励银行对风险资产的增持，增加银行的风险承担，这两个影响因素此消彼长，极有可能导致数据结果不显著。银行盈利结构的回归系数为正（0.2765），且在10%的置信水平显著，可理解为银行业信贷投放增加，增加收入，同时也加大银行业风险承担。银行资产回报率（-0.4262）为负，且在1%水平显著，表明银行资产回报率增加，有助于减少银行业经营风险，降低银行业风险承担。经济发展水平与银行业风险承担负相关，说明宏观经济上涨等因素好转，均有利于降低银行业的不良贷款率，以及有利于降低银行风险承担，提高金融稳定。通货膨胀水平系数为负，但并不显著。

7.2.2　稳健性检验

7.2.2.1　稳健性检验Ⅰ：Z值度量银行业风险承担

Z值实际上代表了银行业的稳定指数，数值越大，代表银行业破产的风险越小。本书使用Z值，对债务杠杆与银行业风险承担之间的关系进行回归，结果如表7-4的第2列所示。

表 7-4　债务总杠杆对金融稳定的影响：稳健性检验Ⅰ和Ⅱ

变量	替换被解释变量 （Z值）	替换解释变量 （M2/GDP）	替换被解释变量与 解释变量
mfl	−0.0621 *** （−2.18）	0.0158 ** （2.52）	−0.0315 ** （−2.40）
cr5	0.0853 ** （2.36）	0.0484 * （1.93）	0.0413 ** （2.13）
nimn	0.0527 （1.15）	0.0263 （0.44）	0.0196 （1.07）
lq	−0.0296 （−1.56）	−0.0370 （−0.78）	−0.0164 * （−1.72）
roa	−0.1863 * （−1.88）	−0.1305 * （−1.92）	−0.1386 ** （−2.08）
grow	−0.0139 ** （−1.99）	−0.0164 * （−1.77）	−0.0495 ** （−2.41）
rf	−0.1063 * （−1.73）	−0.0400 （−0.91）	−0.0618 （−1.61）
国家固定效应	是	是	是
时间固定效应	是	是	是
Adj R²	0.3716	0.3157	0.3521
N	1075	1075	1075

表7-4的第2列中，Z值系数显著为负，说明债务杠杆的增加降低了商业银行的营利能力，不利于银行的稳定经营，还增加了银行业风险承担，也

不利于金融稳定。进一步验证了债务总杠杆替换被解释变量后，债务总杠杆加大了银行业风险承担，不利于金融稳定，与前文的结论一致，债务总杠杆与金融稳定之间的负相关关系结论稳健。

7.2.2.2　稳健性检验Ⅱ：M2/GDP 度量债务总杠杆

稳健性检验，用 M2/GDP 度量宏观经济债务总杠杆，M2/GDP 作为宏观债务杠杆的代理变量，可以多角度验证结论的稳健性。本部分以 M2/GDP 作为主解释变量，对不良贷款率 NPL 和 Z 值进行回归，结果如表7-4的第3列和第4列所示。表7-4的第3列中，以 M2/GDP 作为主解释变量对不良贷款率进行回归，系数显著为正，说明债务杠杆上升显著增加了银行业风险承担，与前文的结论一致，债务总杠杆与银行业风险承担之间的正相关关系结论稳健。同时替换被解释变量与解释变量，以 M2/GDP 作为主解释变量对 Z 值进行回归发现，无论是不良贷款率，还是 Z 值，债务总杠杆与银行业风险承担之间的正相关关系均显著成立，债务杠杆上升加大了银行业风险承担，不利于金融稳定，即债务总杠杆与金融稳定之间的负相关关系显著成立。

7.2.2.3　稳健性检验Ⅲ：采用系统 GMM 方法估计

本书除主要解释变量外，在表7-3和表7-4的回归中均涵盖了银行层面、宏观经济层面的控制变量，控制变量的加入没有明显改变主解释变量的符号和显著性，说明控制多种潜在影响因素之后结论仍然稳健，如表7-5所示。表7-5的第2列，被解释变量采用不良贷款率，第3列用 Z 值作为被解释变量，第4列替换解释变量，用 M2/GDP 度量债务总杠杆，第5列同时替换被解释变量与解释变量，用 M2/GDP 度量债务总杠杆与 Z 值回归发现：被解释变量采用不良贷款率系数为正，且在 1% 水平显著；被解释变量采用 Z 值，系数为负，且在 1% 水平显著；同样以 M2/GDP 作为解释变量，系数仍然显著为正，说明债务总杠杆与银行业风险承担正相关仍然成立，与前文结论一致。用 M2/GDP 度量债务总杠杆，Z 值度量银行业风险承担进行回归，系数为负，且在 1% 水平显著，诸多结论证明债务总杠杆与银行业风险承担正相关，债务总杠杆上升会显著增加银行业风险承担，不利于金融稳定。

表 7-5　债务总杠杆对金融稳定的影响：稳健性检验Ⅲ

变量	更换估计方法（SYS-GMM）			
	被解释变量（不良贷款率）	替换被解释变量（Z 值）	替换解释变量（M2/GDP）	替换被解释变量与解释变量
L. npl	0.9215***	0.8526***	0.9146***	0.8852***
	(6.72)	(4.98)	(9.56)	(5.83)
mfl	0.0151**	−0.0208***	0.0176**	−0.0158***
	(2.10)	(−3.41)	(2.44)	(−3.20)
cr5	0.0039**	0.0443**	0.0396*	0.0395**
	(2.20)	(2.11)	(1.84)	(2.35)
nimn	0.0749	0.0339	0.0106	0.0278
	(0.58)	(0.55)	(1.24)	(1.02)
lq	−0.0149*	−0.0382	−0.0178*	−0.0234*
	(−1.69)	(−1.08)	(−1.73)	(−1.82)
roa	−0.2514**	−0.0975*	−0.0476**	−0.0568**
	(−2.13)	(−1.92)	(−2.22)	(−2.07)
grow	−0.1904***	−0.0295*	−0.0319*	−0.0324**
	(−3.45)	(−1.78)	(−1.85)	(−2.06)
rf	−0.0597	−0.0786*	−0.0363	−0.0573
	(−0.81)	(−1.82)	(−1.29)	(−1.54)
国家固定效应	是	是	是	是
时间固定效应	是	是	是	是
Sargan test	0.351	0.206	0.294	0.232
AR（1）	0.139	0.113	0.259	0.175
AR（2）	0.857	0.785	0.685	0.752
N	1032	1032	1032	1032

7.3　进一步研究

7.3.1　分部门债务杠杆对金融稳定的影响

通过上文分析得知：债务总杠杆率系数显著为正，表明债务杠杆上升加大了银行业风险承担，不利于金融稳定，债务总杠杆率上升，意味着金融体系中商业银行放出更多的银行贷款，加大了银行业风险承担。进一步考量分部门债务杠杆对金融稳定的影响，结果如表7-6所示。

表7-6　分部门债务杠杆对金融稳定的影响

变量	(1)	(2)	(3)
nfl	0.0931*** (2.34)		
rfl		0.1099* (1.15)	
gfl			0.2050** (2.45)
cr5	0.1389** (2.10)	0.1155** (1.88)	0.0655* (1.74)
nimn	0.3421 (0.69)	0.3076 (0.58)	0.1790 (0.37)
lq	-0.0576 (-1.17)	-0.0535 (-1.12)	-0.0403 (-1.04)
roa	-0.5823** (-2.49)	-0.7615** (-2.65)	-0.1454*** (-2.26)
grow	-0.2303** (-1.84)	-0.0995** (-2.15)	-0.0704*** (-2.06)

续表

变量	（1）	（2）	（3）
rf	0.3500** (0.88)	0.1896** (0.55)	0.2166** (0.55)
国家固定效应	是	是	是
时间固定效应	是	是	是
Adj R^2	0.1930	0.1571	0.3246
N	1075	1075	1075

表7-6分部门杠杆率的影响效应呈现明显的非均衡性。企业部门杠杆率（0.0931）系数为正，政府部门杠杆率（0.2050）系数为正，居民部门杠杆率系数（0.1099）为正，各系数数值大小不同，不同部门杠杆对银行业风险承担的影响存在差异，各部门杠杆率上升均增加了银行的风险承担，不利于金融稳定。

在控制变量中，银行集中度系数为正，表明银行业资产规模集中，不利于分散经营风险，提高了银行业风险承担，降低了金融稳定水平。银行资产回报率和经济增长的系数显著为负，意味着银行业资产回报率的增加有助于降低银行业风险承担；经济增长上升，宏观环境变好，亦有利于降低银行业风险承担，提高金融稳定性。通货膨胀水平与银行业风险承担正相关，物价上涨的收入分配效应有利于债务人不利于债权人，物价上涨可能增加银行业风险承担，不利于金融稳定。

7.3.2 债务总杠杆对金融稳定的异质性检验

7.3.2.1 基于不同收入国家（地区）① 分组的回归结果

如表7-7所示，模型（1）～模型（2）分别为高等收入和中等收入国家

---

① 本书选取43个国家（地区），参照 BIS 的分类，包括高等收入国家（地区）31 个、中等收入国家12 个。

样本的回归结果。高等收入国家，债务总杠杆对银行业风险承担的系数（0.0961）为正，在1%水平上显著；中等收入国家，债务总杠杆对银行业风险承担的系数（0.0036）为正，小于高等收入国家的系数，且在5%水平上显著。高等收入国家债务杠杆效应促使银行承担了更高风险，究其原因，高收入国家普遍金融发展水平较高，银行信贷超额与实体部门过度融资共同推高了债务杠杆，降低了整个经济的金融稳定性。

表7-7　债务总杠杆对金融稳定的影响：异质性分析

变量	高等收入国家 （1）	中等收入国家 （2）	市场主导型 （3）	银行主导型 （4）
mfl	0.0961*** （3.86）	0.0036** （0.11）	0.0013* （0.07）	0.1112*** （5.71）
cr5	0.1560** （1.81）	0.0232* （1.67）	0.0529** （1.87）	0.1539 （1.66）
nimn	0.1918 （0.20）	−0.0208 （−0.15）	0.0959 （0.73）	0.4881 （0.48）
lq	−0.0492* （−1.02）	0.0076* （0.17）	0.0017* （0.20）	−0.0823* （−1.16）
roa	−0.2358** （−2.50）	−0.4972** （−2.11）	−0.3168** （−2.21）	−0.1987** （−2.40）
grow	−0.1346* （−1.87）	0.0578 （0.41）	0.0771 （0.73）	−0.2133* （−1.88）
rf	−0.5419 （−0.89）	0.2917* （1.83）	0.2445* （1.91）	−0.2452 （−0.34）
国家固定效应	是	是	是	是
时间固定效应	是	是	是	是
Adj R^2	0.3283	0.2615	0.2168	0.3699
N	775	300	500	575

7.3.2.2 基于不同金融结构类型国家（地区）① 分组的回归结果

分别对市场主导型和银行主导型国家（地区）的样本回归，结果如表7-7中的模型（3）和模型（4）所示。数据显示：无论是市场主导型国家和地区，还是银行主导型国家和地区，债务总杠杆对银行业风险承担的系数均为正，市场主导型国家的系数为 0.0013（10%水平显著），银行主导型国家的系数为 0.1112（1%水平显著），显然银行主导型国家，银行业承担了更高的风险水平，而且显著性更好。市场主导型国家（地区），金融体系发达，企业融资途径丰富，可以分散银行的风险承担；而银行主导型国家，企业的融资形式较为单一，大量企业的融资采用银行信贷，银行信贷融资过多，将金融风险集中于银行业，显然债务总杠杆更易于增加银行主导型国家和地区的银行业风险承担，增加其金融的不稳定性。

7.3.3 分部门债务杠杆对金融稳定的异质性检验

7.3.3.1 基于不同收入国家（地区）分组的回归结果

非金融企业杠杆对金融稳定的影响，分别对高等收入、中等收入国家分组回归，如表7-8中的模型（5）和模型（6）所示，发现高收入国家中非金融企业杠杆对银行业风险承担的系数（0.0933）为正（5%水平显著），且大于中等收入国家非金融企业杠杆银行业风险承担的系数（0.0320）为正，在10%水平显著。居民部门杠杆方面，同样高收入国家中银行业风险承担的系

---

① 将一国上市公司总市值与银行信贷余额比值的平均值数值大小作为划分标准：大于1的国家（地区），认定为市场主导型国家（地区）；小于1的国家（地区），认定为银行主导型国家（地区）。

市场主导型：阿根廷、比利时、巴西、澳大利亚、哥伦比亚、智利、芬兰、印度、印度尼西亚、中国香港、卢森堡、墨西哥、马来西亚、俄罗斯、新加坡、南非、沙特阿拉伯、瑞士、美国、土耳其（20个）。

银行主导型：加拿大、奥地利、中国、法国、德国、捷克、丹麦、希腊、匈牙利、意大利、日本、韩国、爱尔兰、以色列、挪威、波兰、葡萄牙、荷兰、新西兰、西班牙、英国、瑞典、泰国（23个）。

数（0.1209）大于中等收入国家（0.0776），中等收入国家银行业风险承担的系数不显著，如表7-9中的模型（9）和模型（10）所示。政府部门杠杆率方面，高等收入国家，政府部门杠杆对银行业风险承担的系数（0.2420）为正，且在1%水平显著，而中等收入国家政府部门杠杆对银行业风险承担的系数为负（-0.0115）为负，但不显著，如表7-10中的模型（13）和模型（14）所示。总体来看，在高等收入国家中，非金融企业、居民、政府部门杠杆均加大了银行业风险承担，且显著性较好；而中等收入国家则结论不一，需要进一步细化研究。高收入国家普遍金融发展水平较高，金融自由化水平较高，在促进信贷供给的增长同时加大了银行业风险承担，不利于金融稳定。2008年美国次贷危机的发生就是很好的例证。

表7-8　非金融企业杠杆对金融稳定的影响：异质性分析

变量	高等收入国家 （5）	中等收入国家 （6）	市场主导型 （7）	银行主导型 （8）
nfl	0.0933** （2.39）	0.0320* （1.23）	0.0171* （1.11）	0.1129*** （3.50）
cr5	0.1819 （0.87）	0.0571** （2.69）	0.0549** （2.28）	0.2058* （1.90）
nimn	0.2440 （0.22）	0.0981 （0.51）	0.0536 （0.46）	0.8233 （0.77）
lq	-0.0642 （-1.20）	0.0024 （0.07）	0.0074 （0.73）	-0.1078* （-1.88）
roa	-0.3766 （-0.58）	-0.4111* （-1.97）	-0.2454* （-1.90）	-0.4129 （-0.58）
grow	-0.2987* （-1.93）	-0.0176 （-0.17）	-0.0186 （-0.28）	-0.3821** （-2.01）
rf	-0.6227 （-0.90）	-0.0029 （-0.05）	0.0352 （0.62）	-0.4441 （-0.49）
国家固定效应	是	是	是	是
时间固定效应	是	是	是	是
Adj R^2	0.2286	0.3153	0.2191	0.2744
N	775	300	500	575

7.3.3.2　基于不同金融结构类型国家（地区）分组回归结果

考虑金融体系模式对债务杠杆的异质性效应，对市场主导型和银行主导型国家（地区）分别回归。非金融企业杠杆率对金融稳定的影响，如表7-8中的模型（7）和模型（8）所示，市场主导型国家中非金融企业杠杆对银行业风险承担的系数（0.0171），10%水平显著，银行主导型国家中非金融企业杠杆对银行业风险承担的系数为0.1129，且在1%水平上显著。居民部门杠杆率方面，市场主导型国家中银行业风险承担的系数为0.0187，结论不显著，而在银行主导型国家中，系数为0.1411，且在5%水平显著，如见表7-9中的模型（11）和模型（12）所示。政府部门杠杆率方面，无论是市场主导型国家还是银行主导型国家，系数均为正，银行主导型国家的系数（0.2891）大于市场主导型国家（0.0138），且在1%水平显著，如表7-10中的模型（15）和模型（16）所示。总体来看，银行主导型国家，非金融企业、居民、政府部门杠杆均加大了银行业风险承担，不利于金融稳定，且显著性较好；而市场主导型国家，虽然结果也均为正值，但显著性较差，需要进一步分类研究。市场主导型国家（地区）的金融市场发达、企业、居民等部门可以通过多种非银行渠道获取资金，一定程度可以分散金融风险；而银行主导型国家，以银行信贷为主的间接融资方式更容易将金融风险集中于银行业，在这些国家中，银行贷款是实体经济部门债务的主要组成部分，如果发生大规模债务违约将直接影响到银行业的稳健运行，显然分部门债务杠杆率同样更易于增加银行主导型国家和地区的银行业风险承担，不利于金融稳定。

表 7-9　居民部门杠杆对金融稳定的影响：异质性分析

变量	高等收入国家 （9）	中等收入国家 （10）	市场主导型 （11）	银行主导型 （12）
rfl	0.1209 * （1.36）	0.0776 （0.80）	0.0187 （0.54）	0.1411 ** （1.30）

续表

变量	高等收入国家 (9)	中等收入国家 (10)	市场主导型 (11)	银行主导型 (12)
cr5	0.1330 (0.67)	0.0481* (1.91)	0.0480* (1.90)	0.1596** (2.13)
nimn	0.1270 (0.11)	0.0400 (0.21)	0.0339 (0.28)	0.8916 (0.80)
lq	-0.0624 (-1.14)	-0.0149 (-0.37)	0.0094 (0.99)	-0.1133 (-1.38)
roa	-0.5617* (-1.83)	-0.3364* (-1.95)	-0.2608* (-2.04)	-0.6421 (-0.87)
grow	-0.0910** (-2.31)	-0.0773 (-0.86)	-0.0229 (-0.36)	-0.0753** (-2.22)
rf	-0.4302 (-0.66)	0.0012 (0.02)	0.0790 (1.09)	-0.5682 (-0.62)
国家固定效应	是	是	是	是
时间固定效应	是	是	是	是
Adj R^2	0.1930	0.3294	0.2052	0.2347
N	775	300	500	575

表 7-10 政府部门杠杆对金融稳定的影响：异质性分析

变量	高等收入国家 (13)	中等收入国家 (14)	市场主导型 (15)	银行主导型 (16)
gfl	0.2420*** (2.82)	-0.0115 (-0.16)	0.0138 (0.40)	0.2891*** (3.29)
cr5	0.0731 (0.50)	0.0235* (1.89)	0.0528* (1.93)	0.0610 (1.41)
nimn	0.3594 (0.37)	-0.0350 (-0.23)	0.0844 (0.59)	0.7254 (0.69)
lq	-0.0278 (-0.72)	0.0116 (0.23)	0.0017 (0.19)	-0.0412 (-0.82)
roa	0.2649 (0.37)	-0.4797** (-2.13)	-0.2900** (-2.17)	0.4696* (1.84)
grow	-0.1545* (-1.76)	0.0479 (0.30)	0.0660 (0.56)	-0.2450 (-0.82)

续表

变量	高等收入国家 （13）	中等收入国家 （14）	市场主导型 （15）	银行主导型 （16）
rf	−0.7111 （−1.12）	0.3004* （1.91）	0.2681* （1.81）	−0.4841 （−0.66）
国家固定效应	是	是	是	是
时间固定效应	是	是	是	是
Adj R²	0.3812	0.2624	0.2215	0.4262
N	775	300	500	575

7.4　本章小结

　　本章基于债务杠杆的视角，实证检验债务总杠杆和分部门债务杠杆对金融稳定的影响。总结得出：债务总杠杆与金融稳定呈现显著的负相关，且在1%的置信水平显著。表明债务杠杆率上升，则意味着全社会的债务总量的增长速度提高，提高了银行业风险承担。验证债务杠杆的银行业风险承担传导渠道确实存在，债务杠杆上升期，实体经济各部门通过增加贷款，纷纷加杠杆，银行体系也基于未来经济上行的预期，增加信贷量，进而增加了银行体系的信用风险，不利于金融稳定。无论是用不良贷款率指标还是用 Z 值指标，均证明债务总杠杆与银行业风险承担显著正相关。以 M2/GDP 回归，系数显著为正，说明债务总杠杆增加显著加大了银行业风险承担。更换估计方法，采用系统 GMM 方法检验，诸多结论证明债务总杠杆与银行业风险承担正相关，债务总杠杆率加大，会显著增加银行业的风险承担，对金融稳定造成负面影响。

从分部门来看，政府部门杠杆率（0.2050）、企业部门杠杆率（0.0931）、居民部门杠杆率系数（0.1099）均为正，但数值大小不同，不同部门杠杆率对银行业风险承担传导存在差异。首先是政府部门影响最大，其次是居民部门、企业部门。在控制变量中，银行集中度系数为正，表明银行业资产规模集中程度提高，加大了银行业风险承担。银行资产回报率和经济增长的系数显著为负，意味着银行业资产回报率的增加有助于降低银行业风险承担；经济增长上升，宏观环境变好，有利于提高金融稳定性。通货膨胀系数为正，意味着物价上涨的"收入分配效应"有利于债务人，物价上涨可能增加银行业的风险承担，不利于金融体系稳定。

本章分别从债务总杠杆和分部门债务杠杆角度，对金融稳定进行异质性检验：

一是基于不同收入国家（地区）分组的回归结果发现：高等收入国家债务杠杆效应促使银行业承担了更高风险水平，高收入国家普遍金融发展水平较高，金融自由化水平较高，增加了银行业风险承担传导，不利于金融稳定。分部门看，高等收入国家中，非金融企业、居民、政府部门杠杆均加大了银行业风险承担，且显著性较好；而中等收入国家则需要进一步细化研究。高收入国家普遍金融发展水平较高，金融自由化水平较高，促进信贷供给的增长同时加大了银行业风险承担，不利于金融稳定。2008 年美国次贷危机，欧洲债务危机就是很好的例证。

二是基于不同金融结构类型国家（地区）进行分组回归，发现债务总杠杆对金融稳定的系数均为正，但显然银行主导型国家，银行业承担了更高风险，市场主导型国家（地区）的金融市场发达、企业可以选择的融资渠道众多，易于分散银行风险承担传导；银行主导型国家，企业融资形式较为单一，以银行信贷为主的间接融资更易于将金融风险集中于自身，这一点无论是债务总杠杆，还是分部门债务杠杆均得到验证，债务总杠杆更易于增加银行主导型国家和地区的银行业风险承担传导，不利于金融稳定。分部门看，银行主导型国家，非金融企业、居民、政府部门杠杆均加大了银行业风险承担，不利于金融稳定，显著性较好；而市场主导型国家，虽然结果也均为正值，但显著性较差，需要进一步分类研究。市场主导型国家（地区）的金融市场发达、企业、居民等部门可以通过多种非银行渠道获取资金，一定程度上可以分散金融风险；而银行主导型国家，银行贷款是实体经济部门债务的主要组成部分，如果发生大规模债务违约现象将直接影响到银行业的稳健运行，显然分部门债务杠杆率，同样更易于增加银行主导型国家和地区的银行业风险承担，不利于金融稳定。

第8章　主要结论与债务杠杆结构性调整的对策建议

　　基于前文章节分析：我国政府部门、居民部门的杠杆率与发达国家相比仍然偏低。居民部门杠杆率提升有助于增加消费者的现期收入，带动消费升级，拉动经济平稳增长。我国居民部门的杠杆率从 2009 年的 23.5% 上升到 2019 年的 55.2%。数据显示，我国的住房贷款占家庭总负债高达 75.9%。2019 年底，个人住房贷款余额 30.2 万亿元，占家庭储蓄的 37.1%，我国居民的偿债比率为 11.5%，高于同期发达经济体的均值（9.7%），房价上涨预期、房贷快速增长提升了居民部门的债务杠杆水平，大量的资金进入房地产市场，转化为房贷，减少了居民用于消费升级的需求，进一步抑制了居民的消费升级，而疫情影响使得家庭部门可能会增加储蓄，进一步减少消费，不利于经济发展。我国政府部门杠杆率 2008~2019 年呈现逐年攀升的态势，且地方政府部门杠杆率高于中央政府杠杆率。2019 年，我国政府债务规模同比增长 19.3%，增速为三个部门最高。2019 年，发达经济体的政府部门杠杆率平均为 122.4%，新兴经济体为 62.0%。2018 年，我国中央政府和地方政府的杠杆率分别为 16% 和 35.6%，中央政府杠杆率不及地方政府的一半，我国政府部门的杠杆率存在结构性差异。基于地方政府 GDP 总量及增长率考核的驱动，地方政府部门有不断加杠杆的冲动，导致杠杆率易上难下。地方政府可以借助其信誉等进行大量融资，但其投资的收益率较低，地方政府官员的某些投机行为也会产生严重的道德风险，无形中加大了地方政府部门的杠杆率水平和风险。

我国非金融企业部门杠杆率高于一些发达国家。值得关注的是，中国非金融企业部门的高杠杆更多源于国有企业，这与我国的融资结构、国有企业在经济中的重要职能、地方债务多以地方国有企业债的形式出现有关。中国企业融资以银行贷款为主，2018 年，我国企业直接融资不超过 10%，而同期美国超过 80%，日本也达到 75%。经济体系中企业过多依靠间接融资取得资金，企业的资产负债比率将会被拉高。2018 年，中国非金融企业部门的杠杆率为 155.1%，而美国仅为 74.4%。部门内部，国有企业杠杆率较高，民营企业的杠杆率较低。预算软约束的存在使得国有企业较容易获得贷款支持，无形中提高了其债务杠杆率。经济体系中，即使国有企业经营状况出现恶化，哪怕成为僵尸企业也可能获得银行信贷资金，导致国有企业杠杆率攀升，但经济效益却没有获得显著提升，资金利用效率整体偏低。

基于前文各章的分析发现，在宏观经济运行中，过高的债务杠杆不利于经济增长，同时还会给金融体系的稳定带来严重的冲击，优化调整债务杠杆结构是推动我国经济可持续发展和保持金融稳定的重要任务。推进债务杠杆率的结构性调整，避免激进式去杠杆，在稳杠杆的同时优化债务杠杆结构，减轻经济发展的债务负担，有助于推动我国经济健康稳定发展。

8.1 主要结论

本书主要研究新常态下债务杠杆的宏观经济效应，分别从债务杠杆与经济增长、债务杠杆与经济波动、债务杠杆与金融稳定三方面在理论层面进行分析，在实证层面多角度验证，进而探讨债务杠杆率结构性调整优化的对策建议。

8.1.1 债务杠杆的经济增长效应

围绕新常态下的债务杠杆，在债务杠杆与经济增长、债务杠杆与经济波动、债务杠杆与金融稳定理论分析的基础上，运用全球 43 个国家（地区）1995~2019 年的跨国面板数据，实证检验了债务杠杆对经济增长的非线性影响。基于金融规模、金融效率、金融结构三个维度，验证债务总杠杆对经济增长的门槛效应。在此基础上，分别研究分部门债务杠杆率对经济增长的差异影响，主要结论如下：

第一，基于 43 个国家（地区）跨国面板模型的回归结果，债务总杠杆与经济增长存在非线性关系，随着债务杠杆水平的提高，经济增长先上升后下降，存在一个最优的债务杠杆率水平；在达到最优债务杠杆率之前，增加债务杠杆可以有效地促进经济增长；超过最优债务杠杆率，反而不利于经济的长期增长。

第二，基于以上研究，引入金融发展的门槛变量，分析债务杠杆对经济增长的门槛效应。经过检验，发现金融规模、金融效率、金融结构均存在显著的门槛效应，根据门槛效应的检验结果，分别将金融规模、金融效率、金融结构作为门槛变量回归，结果显示，金融规模过度扩张，一定程度上提升了金融市场的系统性风险。当金融规模的扩张超过一定限度，将不利于债务杠杆对经济增长的推动。金融效率的提升和金融结构的改善则有助于提升债务杠杆的经济增长效应，随着金融结构的改善，经济主体通过多种渠道获得资金，降低融资成本，促进经济增长。

第三，进一步研究分部门债务杠杆对经济增长的影响发现，非金融企业杠杆率与经济增长之间呈现显著的倒"U"型关系，随着非金融企业杠杆率的提高，GDP 增长先上升后下降，因此，一味地依靠加杠杆并不能持续有效促进经济增长。居民部门杠杆率与经济增长之间亦呈现显著的倒"U"型关系，居民部门加杠杆的初期可以增加居民部门的现期收入，促进消费结构升级以及增加消费，这有利于推动经济增长，但如果居民部门债务杠杆率持续走高，导致家庭流动性约束紧缩，继续提高家庭部门债务杠杆率，反而对经济增长不利，居民部门债务杠杆率对经济增长的影响存在非对称效应。政府部门杠杆率与经济增长之间同样呈现倒"U"型的关系，政府部门杠杆率较低时，政府部门通过增加负债，增加政府购买和政府转移支付，会进一步推动经济增长，但如果持续增加政府杠杆，则会大量挤出私人投资，产生挤出效应，反而不利于私人部门投资增加，并且政府部门杠杆率上升，会通过土地财政带动房价上升，促使投资者加杠杆进行房地产投资，导致实体经济的投资下降，不利于经济增长。上述结果在逐步加入控制变量后并未发生显著变化。

8.1.2　债务杠杆的经济波动效应

基于全球 43 个国家（地区）1995～2019 年的跨国面板数据的实证分析

可知，债务总杠杆与经济波动之间显著负相关。基于金融规模、金融效率、金融结构三个维度验证了债务总杠杆对经济波动的影响会随着金融发展水平的变化而变化，呈现出显著的门槛效应。在此基础上，分析不同部门杠杆率对经济波动的影响，主要结论如下：

第一，债务总杠杆率与宏观经济波动之间存在显著的负相关关系，债务总杠杆率上升会引起经济向下波动，去杠杆会加大宏观经济波动。债务总杠杆率波动与经济波动正相关，即债务总杠杆率波动加大会扩大宏观经济波动，增加经济的不稳定性。债务杠杆水平在一定的条件下，当金融市场信息不对称严重，金融加速器机制缺乏有效作用以及金融创新过度，缺乏有效监管时，更容易发生经济波动。

第二，以金融规模（fs）作为门槛变量回归，发现债务总杠杆率对宏观经济波动的影响加大，金融规模的扩张加大了宏观经济波动的幅度。即金融规模的过度扩张增加了金融市场的系统性风险水平，导致去杠杆加大了宏观经济波动。以金融效率（fe）作为门槛变量进行回归发现：金融效率较低时，债务总杠杆率与经济波动负相关，随着金融效率的提高，债务总杠杆率对经济波动的影响逐步减弱。以金融结构（fis）作为金融发展的代理变量，发现金融结构对债务总杠杆与经济波动的作用存在显著影响。在以银行信贷为主的金融体系下，债务杠杆对经济增长的推动作用十分有限，随着金融创新和金融市场的发展，直接融资在金融结构中的地位上升且规模越来越大，融资渠道多元化，金融结构优化，实体经济部门可以以低成本获得资金，即不断改善和优化金融结构有助于促进经济向上波动。

第三，分部门债务杠杆率对经济波动的影响。非金融企业杠杆率与经济波动之间呈现显著的负相关关系。即非金融企业部门杠杆率增加短期内可以促进经济增长，但一味地依靠加杠杆并不能持续有效促进经济增长，相反会增加宏观经济波动。居民部门杠杆率与经济波动呈现显著正相关，加杠杆可以增加现期消费，拉动经济增长，促进消费升级，拉动经济向上波动。政府部门杠杆率较低时，政府部门增加负债，增加政府购买和转移支付，促进经济向上波动。但如果持续增加政府部门杠杆率，会挤出大量的私人投资，拉动经济向下波动。

8.1.3 债务杠杆的金融稳定效应

我国的金融体系属于银行主导型，考虑数据的可得性，债务总杠杆率对金融稳定的影响，主要基于银行体系风险承担的角度，分析债务杠杆是否加大了银行业的风险承担，不同部门债务杠杆率变化对银行业风险承担是否会有显著差异？该问题的研究对于债务杠杆合理调控，维护金融稳定具有重要的现实意义。基于债务杠杆的视角，以银行业风险承担为金融稳定的度量指标，实证检验债务总杠杆和分部门债务杠杆对金融稳定的影响得出：债务总杠杆与金融稳定存在显著的负相关。随着债务总杠杆的提高，银行业风险承担显著增加。无论是用不良贷款率指标还是用 Z 值指标，均证明债务总杠杆与银行风险承担正相关。以 M2/GDP 回归，系数也显著为正，说明债务总杠杆增加显著加大了银行业风险承担。更换估计方法，采用系统 GMM 方法检验，同样证明债务总杠杆与银行业风险承担正相关，债务总杠杆率加大，会显著增加银行业风险承担，不利于金融体系的稳定。在控制变量中，银行集中度表明银行业资产规模的集中程度，其系数为正，且在5%的置信水平显著，不利于金融稳定水平。银行资产回报率和经济增长的系数为负，意味着银行业资产回报率的增加有助于降低银行业风险承担；经济增长率上升，宏观环境变好，有利于提高金融的稳定性。通货膨胀与银行风险承担正相关，物价上涨的"收入分配效应"有利于债务人，物价上涨可能增加银行业风险承担，不利于金融稳定。

分部门看，企业部门杠杆率、政府部门杠杆率、居民部门杠杆率系数均为正，但系数数值大小不同，说明各部门杠杆率上升均增加了银行业风险承担，不利于金融稳定，但影响效应存在差异。

分别从债务总杠杆和分部门债务杠杆角度对金融稳定进行异质性检验：①基于不同收入国家（地区）分组的回归结果发现，高等收入国家债务杠杆效应促使银行业承担了更高风险水平，在分部门债务杠杆角度亦得到验证。分部门看，高等收入国家中，非金融企业、居民、政府部门杠杆均加大了银行业风险承担；而中等收入国家则需要进一步细化研究。高收入国家普遍金融发展水平较高，金融自由化水平较高，促进信贷供给的增长同时加大了银行业风险承担，不利于金融稳定。2008 年美国次贷危机，欧洲债务危机就是很好的例证。②基于不同金融结构类型国家分组回归发现，债务总杠杆对金融稳定的系数均为正，但银行主导型国家，银行业承担了更高风险。市场主导型国家（地区）的企业可以选择的融资渠道众多，易于分散银行业风险承担；银行主导型国家的企业融资形式较为单一，银行信贷融资将金融风险集中于银行业，这一点无论是债务总杠杆，还是分部门债务杠杆均验证债务杠杆更易于增加银行主导型国家和地区的银行业风险承担，不利于金融稳定。

8.2 债务杠杆结构性调整的对策建议

当前，中国的债务杠杆问题已成为国内外学术界、实务界关注的热点。在经历多次宏观经济政策调控之后，尽管债务杠杆的增长趋势得到进一步控制，但债务存量并未有效化解，债务风险与经济发展中其他因素的矛盾仍需密切关注。2020 年中央经济工作会议指出：要保持宏观杠杆率基本稳定，处理好恢复经济和防范风险关系。与发达国家主要经济体相比，我国的债务杠杆率具有明显的结构性特征，优化债务杠杆结构，加强债务杠杆的风险预警，加大结构性货币政策的实施力度，对提高经济发展的速度和金融稳定尤为重要。

8.2.1　转变债务杠杆调控战略，持续激发经济活力

经济新常态下，加杠杆不一定会引发债务风险，经济发展出现持续停滞才是引发风险的最大隐患。单一地通过限制信贷需求、控制债务增量的方式去杠杆，会带来更高的经济成本，加剧金融系统的不稳定性和经济波动。因此，调控债务杠杆的工作重心应落在激发经济活力、稳定经济增长上，加速资本积累，通过未来收入和偿债能力的提升逐步化解债务存量，有利于降低债务的风险积累。2024 年上半年，我国国内需求持续恢复，外部需求有所改善。虽然房地产投资低位运行，但基础设施和制造业投资分别增长了 5.4% 和 9.5%，工业生产加速回暖，同时受益于一系列政策的支持，制造业投资正在回升，企业投资扩展的意愿逐渐改善。如何保障经济平稳运行、推动经济高质量发展是当前经济工作的重中之重。习近平总书记明确提出："当前经济要做好稳就业、稳金融、稳外贸、稳外资、稳投资、稳预期的'六稳'工作。"全面贯彻落实党的二十大和二十届三中全会精神，坚持稳中求进工作总基调，完整、准确、全面贯彻新发展理念，加快构建新发展格局，着力推动高质量发展，扎实做好"六稳"工作，要处理好恢复经济和防范风险的关系，实现对宏观债务杠杆率的有效调控。

8.2.2 保持货币政策稳健中性，加大结构性货币政策的实施力度

面对债务高杠杆问题，下一步中央银行必须保持货币政策稳健中性，通过宽财政，加大财政支出，做大 GDP，稳定总需求，避免因产出下降引致杠杆率上升。"紧信用"不是指中央银行贸然直接收缩信用，而是保持货币政策的弹力，要松紧有度，保持稳健中性，从流动性总量讲，确保资金流动通畅，在控制信贷增长的同时，引导商业银行信贷资金的流动方向，避免对高杠杆企业放大信贷投放。协调好"去杠杆"与"稳增长"的关系。中国债务杠杆率从 2009 年尤其是 2012 年以来大幅抬升，有一个重要的原因就是大量信贷资金进入过剩产业部门，支撑了僵尸企业的存活。而且，随着近年来我国经济增速逐步放缓，僵尸企业的信贷资金产生了不少的坏账、呆账，因此，关闭经营不善的僵尸企业的信贷入口尤为重要。具体来看，货币政策要坚决控制好货币的闸门，加强利率市场化改革，促进经济结构性转型，协助债务杠杆结构性调整的顺利推进。

中央银行货币政策需要向"精准调控"转变，加大结构性货币政策实施力度。目前，数量型货币政策调控的有效性和及时性受到挑战，央行适时调整货币供应量，根据市场实际资金需求状况的变化，采用多种货币政策工具综合调节流动性，提升利率调控经济的能力。由于金融脱媒等影响因素，央行很难准确监控货币供应量的实际变化，提升利率调控经济的能力，通过利率调控提高金融资源的配置效率，防止利率上升加重实体经济部门的债务负担。

8.2.3 分部门加强债务杠杆风险预警，防范系统性金融风险

完善宏观杠杆率监测及预警机制，加强对债务杠杆的风险预警、定期跟

踪，时刻关注宏观杠杆率的变动情况。在宏观层面，借鉴国外债务杠杆风险管理的经验，定期监测债务杠杆的动态变化；在微观层面，分部门建立债务杠杆的风险预警体系，对各部门的贷款余额、信用贷款存量、委托贷款存量等指标进行识别和评估。由于各部门债务构成差异较大，针对不同部门杠杆率的特点，选择对应的风险预警指标体系，构建符合我国各部门具体情况的债务风险预警模型。

具体来看，非金融企业部门要把监测的重点放在债务的具体构成、流动资产比例监测上，基于多角度、多层次构建指标体系，科学合理进行评价衡量；居民部门首先要将房地产贷款作为核心指标进行预警评价；政府部门重点对地方政府债务的规模、依存度、偿债率等一系列相关指标进行持续跟踪、监测，有效防控系统性风险。建立完善的风险评级内部防控体系，基于微观和宏观两级层面加强债务杠杆的风险预警。

对于银行体系，加强对商业银行资产负债情况、资金流向以及具体的信息披露等进行严格的跟踪、监测，确保商业银行在存款人和借款人之间做好资金的融通和优化配置，防止引起经济的大幅波动。监管机构应该严格审批中介机构，避免中介机构无序竞争、盲目扩张。按照分类管理的原则，促进行业规范发展。要灵活运用差异化的调控策略，既要集中力量整治低效率、高杠杆部门，通过多种措施化解债务问题，又要激发高效率、低杠杆部门的融资需求，保持市场流动性合理充裕，解决债务风险过度集中、债务杠杆不可持续的矛盾。秉承结构化、差异化的原则，科学动态调控宏观杠杆率。

丰富对银行系统性风险以及债务风险的评估方法，提高事前预判能力，做到对外部风险冲击的事前防范：其一，要稳步实现高水平的资本项目开放，同时加强对跨境资金流动的合理预判和监测，既要确保跨境资金的合理流动，更要防范投机性资金流入和资金恶意抽逃行为。其二，要健全资本市场的监管机制，既要合理引导资本市场的投资交易活动，又要监管不正当的投机行为，强化对重点金融机构和地方政府融资平台的监管，要投入大量的精力和时间，对其进行管控和引导，使得信贷规模和宏观杠杆率控制在合理范围内。同时还要加强同美国、英国、日本等国家国际证券交易市场的交流与合作，防范国际资产价格波动和冲击对我国证券市场的影响。其三，提高对银行的资本充足率、风险敞口、贷款与价值比率上限等指标的要求，严防银行系统性风险的跨国传递。其四，积极贡献中国智慧，发挥中国在 G20、IMF、BIS 等国际金融组织的关键作用，参与构建全球金融监管体系，积极推动国际金融组织改革，充分发挥中国在促进全球金融监管和宏观审慎国际协调中的影响力。

8.2.4　加强过剩产能化解，优化实体经济部门杠杆率

8.2.4.1　加快过剩产能化解，稳步推进企业部门去杠杆

在生产、流通、交易和消费等经济活动中，企业是经济活动的参与主体，企业部门债务问题尤其值得关注，故必须将有效化解企业部门债务风险作为宏观杠杆调控任务的重中之重。我国国有企业杠杆率较高，原因在于：第一，国有企业承担了较多的非市场化的社会职能，无法严格按照市场经济运行规律组织经营，使得国有企业利润下降，负债过高。第二，国有企业存在强烈的预算软约束，即使国有企业、政府项目出现资金运用效率较低的状况，但仍然可以较容易获得银行信贷，预算软约束的存在导致按照市场化方式去杠杆受到一定程度的阻碍。通过"三去一降一补"等措施，加快出清落后产能，减少存量债务，尤其是僵尸企业的存量债务。僵尸企业需要政府不断输血才能生存，这些企业占据大量资源，通过依法破产的方式出清，而对经营

能力尚可的僵尸企业，进行重组优化。保持去杠杆与稳杠杆并行，科技型企业、效益好的企业需要通过适当加杠杆，或者稳杠杆，加大对创新型、高科技企业的信贷资金支持，优化金融资源配置，促进其效益增加。化解过剩产能，帮助企业提升生产经营效率，帮助存在债务问题的企业恢复正常的生产经营和营利能力；鼓励企业技术创新，加大对科技型中小企业的政策扶持，鼓励科研成果加速转化运用，提高其劳动生产率。

发展股权融资，推动企业降杠杆。在企业加快推进结构性去杠杆的过程中，政府和以银行为代表的金融机构要积极加强配合，充分发挥协同效应。基于政府角度，需要加快完善发展资本市场体系，减少企业对借贷杠杆的高度依赖，提高企业在直接融资平台获得低成本资金的能力。简化融资流程，降低融资过程中产生的各类费用和消耗，以及降低企业融资过程中的各项成本。加快推进债转股，降低企业的融资成本，增加国有企业的活力。2016 年以来，经济政策的强监管，企业信用风险逐渐暴露，银行体系信用收缩，在这种情况下，一方面是"堵"，另一方面加大股权融资力度，提高直接融资比例，通过提高企业直接融资比重，优化企业融资结构，同时借助多种手段，减轻高杠杆企业的债务负担，强化资本市场对企业的支持，推动企业股权多元化，通过多元化的融资方式减少负债，提高企业经营效益（杨再斌，2018）。要完善国有企业的经营管理机制，提升运行效率，逐步降低企业债务杠杆水平。要完善对国企运营和国有资本运作的监督管理机制，有效构建企业债务风险监测系统和企业债务风险监控预警机制，动态监管国企债务风险。要完善国有资本运营的监督机制，明确国有资本的投资范围，规范国有资金的流通运作渠道，进一步落实主要决策领导的权责范围，提高国有资本的运作效率。

要将调控杠杆与清退过剩产能和库存有效结合，重点关注低效率企业甚至"僵尸企业"的债务问题，运用市场化、法治化手段解决相关企业债务风险。要将产业政策与杠杆调控政策紧密结合，通过技术创新和产业升级降杠杆。经济增长下行压力也是触发我国债务风险的重要因素，应不遗余力加强企业技术创新，积极培育产业升级、经济增长新动力，增强我国经济发展的持续性和韧性，实现长期降杠杆的目标。要持续扩大开放，将产业政策与引进外资政策相结合，通过引进国际先进技术、产品和企业，促进行业竞争和技术创新。对高技术行业企业尝试采用柔性信贷审批政策，适当提升企业债务风险容忍度，探索利用知识产权等无形资产作价的贷款抵押机制，优化企业融资约束。企业应不断完善自身债务结构，推动良性去杠杆。在地方政府债务扩张的背景下，企业应以剔除不良杠杆为重要抓手。在资源配置方面，积极推进企业兼并重组，优化现有资源的利用效率，提高资源整合与使用效率。

8.2.4.2 政府部门加杠杆与防风险并重，防止政府增加隐性债务

目前来看，政府部门的杠杆率在国际上处于中游偏下的位置，长期维持在50%左右。地方政府应当推动体制改革，推动投资增加，加快推进城镇化进程，借助城镇化，增加政府部门杠杆对经济增长的调节助力。政府部门债务承受能力较强，同时需要肩负更多的社会责任。综合运用财政赤字政策，适度提高杠杆率，有助于政府更好地完善相关职能，推动经济优化增长。2020年，经济下行压力增大，政府部门逆周期增加杠杆。因此，健全财政纪律的约束机制，规范地方政府的举债融资机制，提高政府部门财政支出的效率和预算的约束力是重中之重。加强地方政府债务风险的识别和防范，防止政府增加隐性债务，政府部门加杠杆与防风险并重。

8.2.4.3 优化债务部门间配置，谨慎增加居民部门杠杆率

目前来看，居民部门债务承受能力较强（郭桂霞和黄冠群，2020），可

以适度增加居民部门的杠杆，引导居民部门刺激消费，推动经济增长，但也要防止居民部门加杠杆投放到房地产领域，推升房地产价格，刺激房地产领域的资产价格泡沫问题，我国居民部门杠杆率较低，且居民部门的债务期限较长，债务风险较小。

在房地产价格上涨的环境下，由于大多数人基于房价上涨的希望和预期，居民部门的经济主体，在没有其他好的投资方式的情况下，纷纷加大对房地产的投资力度。数据显示，我国 76.8% 的家庭拥有住房贷款，个人住房贷款对居民部门总体偿债比率的贡献度达到 54.6%。实际上，从侧面可以看出，我国居民部门的信贷资金仍然过度集中在房地产领域，这也是我国居民部门加杠杆的关键所在，因此，未来居民部门加杠杆仍要适度、审慎。另外，要尽快形成全面、系统的个人征信数据库，为金融机构信贷决策提供可靠的支撑，提高居民部门获得融资的效率。结合我国国情，在金融科技、数字技术大发展的大背景下，充分利用线上线下家庭金融大数据，形成政府指导下的全国个人信用体系建设框架，有效监控消费信贷情况。加强消费金融领域准入限制、业务范围、规章制度建设等，加强消费者金融服务和安全保障。

8.2.5 优化调整金融环境，提升资本的产出效率

8.2.5.1 引导金融回归本源，增加金融产品的有效供给

经济危机后，宽松的货币政策、财政政策导致经济体系中资金充裕，资金在金融领域自我循环，导致严重的"脱实向虚"问题，引发了金融部门高杠杆。引导金融发展回归本源，推进资金"脱虚向实"，通过改善资金的利用效率，提升债务杠杆对经济增长的推动作用。创新金融发展模式、金融服务渠道、金融服务模式，增加金融产品的有效供给。

8.2.5.2 加强金融监管体制改革，优化金融供给结构

加强金融监管体制改革，控制金融扩张的速度和规模，一定程度上可以

抑制债务杠杆的不断攀升。构建符合现代金融监管的多层次监管体系，继续加强对影子银行、互联网金融等领域资金的监控，加强资金流向的监管，提升监管的精准度，防止资金通过各种通道离开实体经济部门，空转套利。提高金融资本转化为实体经济投资资金的力度和效率。完善"货币政策+宏观审慎"的宏观政策调控框架，不仅对银行体系各部门的高杠杆率、信贷扩张加强监管，同时也要降低影子银行和其他金融机构的过度扩张，超额加杠杆，不断优化金融结构，提高金融投资的效率，提升监管的全局性，注重监管的制度化建设，预防系统性金融风险。

8.2.5.3 增加直接融资的比例，提高资本的产出效率

银行信贷是我国实体经济部门获取资金的主要方式，我国实体经济部门直接融资比重远低于间接融资的比例，间接导致我国市场主体的高负债，尤其是非金融企业部门的杠杆率已经超过部分发达国家，杠杆率过高在经济新常态的环境下极容易影响金融系统的稳定性。

提高资本的产出效率，增加金融供给，使得企业可以通过多种途径融资。具体来看，一是加强融资模式创新，增加市场的弹性和活力，降低市场波动的频率。另外，要注意盘活资产存量，稳定宏观杠杆率和微观杠杆率的资本产出效率，提高资本的利用效率，有效降低部门间资本配置的挤出效应。二是推行注册制，完成审核制向注册制的转变，在上市条件、上市流程、规范运行等方面进行优化调整，推动创业板市场发展、新三板市场的业务开展，以及票据融资的业务开展，规范其运行流程，不断提高金融发展水平。维持合理的杠杆水平，结合经济转型，客观处理杠杆率调整和经济增长的关系，去杠杆更要注重优化杠杆结构。

8.2.6 结构性去杠杆仍有必要，多方举措防止经济大幅波动

通常情况下，宽松的货币政策可以有效刺激经济活动，但若过度宽松则

又将引致金融风险。在此关键阶段，如何通过稳健的货币政策达到平衡，在实现经济增长的同时，不失去风险防控的坚守，显得尤为重要。

近年来，中国经济持续面临"稳增长"与"稳杠杆"的双重压力。一方面，受新冠疫情的影响，经济存在一定的下行压力；另一方面，宏观杠杆率持续攀升，并高于一些发达经济体。从国际经验来看，宏观杠杆率水平过高或攀升过快，可能会引发系统性金融风险，致使经济运行出现明显波动。面对经济下行与宏观杠杆率攀升的双重压力，我国既要高度重视"稳增长"，又要不断加强对"防风险"的重视程度。

多方举措防止经济大幅波动。大力发展金融市场，绕开信贷的顺周期，减缓金融对中小企业等经济主体的金融压抑，缓解民营企业融资约束。在数量和时间上，确保金融负债与实体经济发展相协调。科学、真实地评估企业的投资情况，尽量减少不必要的呆账、坏账产生，减少经济波动。鼓励扩大消费金融，拓宽消费的渠道和方式，适当提高居民部门杠杆率，有助于缓解企业部门去杠杆带来的经济下滑，有助于实现经济高质量增长。配合国家的产业转型升级，对产业贷款进行指导和调控，鼓励商业银行加大对环保、附加值高的高新技术产业进行信贷支持，优化产业结构调整。加大对产能过剩行业的贷款限制。引导银行中介和金融市场的协调发展，使得银行中介和金融市场能够发挥各自领域的优势，引导资源实现结构优化配置。立足产业发展的实际情况，引导资金促进产业结构的动态优化，共同推动经济增长。

积极参与国际金融监管体系构建，全面增强中国在维护国际金融新秩序中的地位和责任。积极参与G20、国际货币基金组织、世界银行、国际清算银行等国际金融机构的活动，深度参与国际监管框架和相关国际政策的制定，充分发挥中国在国际体系中的力量，全面提升中国金融市场的国际影响力和

债务杠杆的宏观经济效应研究

服务范围，推进中国股票、债券和基金等证券交易市场对外开放，加强证券交易市场的国际合作，进一步推进与国际主要证券市场的互联互通机制建设，全面提升我国金融市场的服务范围。稳妥推进人民币国际化进程，提升人民币资金跨境投资、交易的便利化和规范化程度，不断提升人民币资产的竞争力和影响力。

8.3 研究不足与展望

当前，高杠杆风险、房地产风险、影子银行风险等都得到较好的控制，但地方政府的债务风险等问题仍然值得我们高度关注，需要进一步加强债务杠杆的宏观调控。本书主要基于前人的研究结果，系统研究债务杠杆对经济增长、债务杠杆与经济波动、债务杠杆与金融稳定的动态关系。围绕债务杠杆问题，对比主要经济体债务总杠杆及分部门债务杠杆率，分析中国实体经济债务杠杆率的发展现状、结构特征以及分部门杠杆率的结构演变，解析债务杠杆率现状结构与经济转型背离的深层次原因。以此为基础，运用全球43 个国家（地区）1995~2019 年的跨国面板数据，对债务杠杆的经济增长效应进行实证研究，并从金融规模、金融效率、金融结构三方面验证了债务总杠杆对经济增长的门槛效应；进一步分析不同部门杠杆率对经济增长的差异影响。同样对债务杠杆的经济波动效应进行了实证检验，研究了不同金融发展环境下债务杠杆对经济波动影响的门槛效应以及分部门债务杠杆对经济波动的影响。基于风险累积与扩散的视角，从债务总杠杆与分部门债务杠杆两方面研究了债务杠杆对金融稳定的差异影响，为我国维护金融稳定提供了佐

证。

证。但是还存在一定的不足之处：

第一，债务杠杆宏观经济效应的理论分析有待于进一步深入挖掘论证，由于笔者的知识积累和水平有限，债务杠杆的金融稳定效应的理论分析还需后期进一步研究完善。

第二，债务杠杆与经济增长、债务杠杆与经济波动研究较为宏观，虽然本书进一步从金融发展的门槛效应、分部门债务杠率的角度，尽可能做了细致的分析，但在研究过程中，更进一步具体到我国的各部门、各省份甚至不同行业的杠杆率问题分析将是今后的具体研究，本书的成果为后续的研究奠定了较为宽厚的基础。

第三，我国作为银行主导型国家，本书在分析债务杠杆对金融稳定的动态变化时，基于金融稳定，重点研究了债务总杠杆、分部门债务杠杆对银行业风险承担的影响，下一步将从股票市场和债券市场风险承担的角度切入，研究债务杠杆对金融市场的风险传导渠道，使得债务总杠杆、分部门债务杠杆对金融稳定影响的分析更为全面。

参考文献

[1] Acemoglu D, Zilibotti F. Was Prometheus unbound by chance risk, diversification, and growth [J]. Journal of Political Economy, 1997, 105 (4): 709-751.

[2] Allen, M, C R Osenberg, C Keller, B Setser, N Koubini. A balance sheet approach to financial crisis [J]. Social Science Electronic Publishing, 2002, 210 (2): 1-22.

[3] Ang J B. A survey of recent developments in the literature of finance and growth [J]. Journal of Economic Surveys, 2010, 22 (3): 536-576.

[4] Adrian T, Boyarchenko N, Shin H S. The cyclicality of leverage [M]. Staff Report, Federal Reserve Bank of New York, 2015.

[5] Avgouleas E. Bank leverage ratios and financial stability: A micro and macroprudential perspective [R]. Levy Economics Institute Working Paper, 2015. No. 849.

[6] Arcand J, Berkes E, Panizza U. Too much finance? [J]. Journal of Economic Growth, 2015, 20 (1): 105-148.

[7] Bacchettap, Caminalr. Docapital market imperfection sex acerbate out put

fluctuations? [J]. European Economic Review, 2000, 44 (3): 449-468.

[8] Balke N S. Credit and economic activity: credit regimes and nonlinear propagation of shocks [J]. Review of Economics and Statistics, 2000, 82 (2): 344-349.

[9] Baker M, Wurgler J. Market timing and capital structure [J]. The Journal of Finance, 2002, 57 (1): 1-32.

[10] Bai J, Perron P. Computation and analysis of multiple structural change models [J]. Journal of Applied Econometrics, 2003, 18 (1): 1-22.

[11] Barajas A, Dell, Ariccia G, Levchenko A. Credit booms: The good, the bad, and the ugly [R]. Thailand: Selected Issues, 2007.

[12] Bernanke Gertler M, Gilchrist S. The financial accelerator and the flight to quality [J]. Review of Economics and Statistics, 1996 (78): 1-15.

[13] Bernanke B, Gertler M. Agency Costs, Net worth and business fluctuations [J]. American Economic Review, 1989, 79 (1): 14-31.

[14] Bernanke B, Gertler M, Gilchrist S. The financial accelerator in a quantitative business cycle framework [M]. Elsevier, 1999.

[15] Bernanke B., K. Carey. Nominal wage stickiness and aggregate supply in the great depression [J]. The Quarterly Journal of Economics, 1996, 111 (3): 853-883.

[16] Bernanke, Gertler M, Gilchrist S. The financial accelerator and the flight to quality [J]. Review of Economics and Statistics, 1996, 78: 1-15.

[17] Bernanke B S, Gertler M. Agency costs, Net worth, and business fluctuation [J]. American Economic Review, 1989 (1): 14-31.

[18] Bernanke B S, Gertler M, Gilchrist S. The financial accelerator in a quan-

titative business cycle framework [R]. NBER Working Paper No.6455, 1998.

[19] Beck T, Levine R, Loayza N. Finance and the sources of growth [J]. Journal of Financial Economics, 2000, 58 (1-2): 261-300.

[20] Beckt Lundbergm, Majnonig. Financial intermediary development and growth volatility dointermedi. Aries dampenormagnify shocks [J]. Journal of International Money & Finance, 2006, 25 (7): 1146-1167.

[21] Benk S, Gillman M, Kejak M. Money velocity in an endogenous growth business cycle with credit shocks [J]. Journal of Money, Credit and Banking, 2008, 40 (6): 1281-1293.

[22] Bhattacharya S, Tsomocos D P, Goodhart C, et al. Minsky's financial instability hypothesis and the leverage cycle [J]. London School of Economics FMG Special Paper, 2011, 68 (5): 40-68.

[23] Bouis R, Christensen A K, Cournede B. Deleveraging: Challenges, progress and policies [R]. Economics Department Working Papers, 2013. No. 1077.

[24] Buttiglione L, Lane P, Reichlin L, et al. Deleveraging, what deleveraging? The 16th Geneva Report on the world economy [R]. International Center for Monetary and Banking Studies/Center for Economic Policy Research, 2014.

[25] Calderon C, Chong A, Stein E. Trade intensity and business cycle synchronization: Are developing countries any different? [J]. Journal of International Economics, 2007, 71 (1): 2-21.

[26] Claessens S, Kose M A, M E. Terrones. What happens during Recessions, Crunches and busts? [J]. Economic Policy, 2009 (60): 653-700.

[27] Cecchetti S G, M Mohanty, F Zampoll. The real effects of debt [R]. BIS Working Papers, Iss, 2011: 352.

[28] Cecchetti S, Mohanty M, Zampolli F. Achieving growth amid scal imbalances: The real effects of debt [C]. Economic Symposium Conference Proceedings, 2011: 145-196.

[29] Christiano L J, Trabandt M, Walentin K. Introducing financial frictions an dunemployment into a small open economy model [J]. Journal of Economic Dynamicsand Control, 2011, 35 (12): 1999-2041.

[30] Christiano L, Ilut C, Motto R, et al. Monetary policy and stock market boom-bust cycles [J]. Manuscript, Northwestern University, 2007, 78 (2): 38-71.

[31] Cuerpo C, Drumond I, Lendvai J, et al. Indebtedness, deleveraging dynamics and macroeconomic adjustment [M]. European Commission, Directorate-General for Economic and Financial Affairs, 2013.

[32] Dablano R E, Srivisaln. Revisiting the link between finance and macroeconomic volatility [R]. IMF Working Papers, 2013.

[33] Dalio R. How the economic machine works—leveragings and deleveragings [M]. Economic Principles, New York: Bridge water Associates, 2014.

[34] Denizer C A, lyigun M F, Owen A. Finance and macroeconomic volatility [J]. Contributions in Macroeconomics, 2002, 2 (1): 89-101.

[35] Darrat A F, Abosedra S S, Aly H Y. Assessing the role of financial deepening inbusiness cycles: The experience of the united arab emirates [J]. Applied Financial Economics, 2005, 15 (7): 447-453.

[36] Devlin W, McKay H. The Macroeconomic Implications of Financial Deleveraging [J]. Economic Round-Up, 2008 (4): 7+56-90.

[37] Easterly W P, futze T. Where does the money go? Best and worst prac-

tices in foreign aid [J]. Journal of Economic Perspectives, 2008, 22 (2): 29-52.

[38] Elekdag S, Wu Y. Rapid credit growth in emerging markets: Boon or boom-bust? [J]. Emerging Markets Finance and Trade, 2013, 49 (5): 45-62.

[39] Fisher S, Frenkel J A. Investment, the two-sector model and trade in debt and capital goods [J]. Journal of International Economics, 1972, 2 (3): 211-233.

[40] Fisher I. The debt-deflation theory of great depressions [J]. Econometrica, 1933, 1 (4): 337-357.

[41] Fisher I. Booms and Depressions [M]. New York: Adelphi Company, 1932.

[42] Gapen M, Gray D, Lim C H, et al. Measuring and analyzing sovereign risk with contingent claims [R]. IMF Staff Papers, 2008.

[43] Glick R, Lansing K J. US household deleveraging and future consumption growth [J]. FRBSF Economic Letter, 2009, 78 (3): 50-68.

[44] Geanakoplos J, Axtell R, Farmer D J, et al. Getting at systemic risk via an agentbased model of the housing market [J]. The American Economic Review, 2012, 102 (3): 53-58.

[45] Gennaioli N, Shleifer A, Vishny R. Neglected risks, financial innovation, and financial fragility [J]. Journal of Financial Economics, 2012, 4 (3): 48-79.

[46] Hansen B E. Threshold effects in nondymatic panels: Estimation, testing, and inference [J]. Journal of Econometrics, 1999, 93 (2): 345-368.

[47] Hu C. Leverage, Capital market imperfections, and the credit channel

for monetary policy [R]. Claremont Colleges Working Papers, 1999.

[48] Hodrick R J, Prescott E C. Postwar US business cycles: An empirical investigation [J]. Journal of Money, Credit, and Banking, 1997 (7): 1-16.

[49] Hinrichsen S. The deleveraging cycle [J]. IMF Economic Review, 2008, 55 (1): 109-148.

[50] Huang H C, Fang W S, Miller S M. Does financial development volatility affect industrial growth volatility [J]. International Review of Economics & Finance, 2014, 29 (1): 307-320.

[51] IMF. Vulnerabilities, legacies and policy challenges risks rotating to emerging markets [R]. IMF Global Financial Stability Report (Washington), 2015: 20-28.

[52] IMF. Chapter3: Corporate leverage in emerging markets, in global financial stability report: Vulnerabilities, legacies, and policy challenges [R]. International Monetary Fund, 2015.

[53] Jacobsen D H, Naug B E. What influences the growth of household debt? [J]. Economic Bulletin, 2004, 3 (3): 191-201.

[54] Jain S. Symbiosis vs crowding-out: the interaction of formal and informal credit markets in developing countries [J]. Journal of Development Economics, 1999, 59 (2): 419-444.

[55] Jermann U, QuadriniV. Financial innovations and macroeconomic volatility [R]. National Bureau of Economic Research, 2006.

[56] Jermann U, Quadrini V. Macroeconomic effects of financial shocks [J]. The American Economic Review, 2012, 102 (1): 238-271.

[57] Kartashova K, Tomlin B. House prices, consumption and the role of

nonmortgage debt [J]. Journal of Banking Finance, 2017, 83 (10): 121-134.

[58] Karlan D, Zinman J. Expanding credit access: Using randomized supply decisions to estimate the impacts [J]. Review of Financial Studies, 2010, 23 (1): 433-464.

[59] Kempson E, Atkinson A, Pilley O. Policy level response to financial exclusion in developed economies: lessons for developing countries [R]. Report of Personal Finance Research Centre, 2004.

[60] Kose A, Prasad S, Terrones E. How does globalization affect the synchronization of business cycles? [J]. American Economic Review, 2003a, 93 (2): 57-62.

[61] Kose A, Otrok C, Whiteman C H. International business cycles: World, region, and country-specific factors [J]. American Economic Review, 2003b, 93 (4): 1216-1239.

[62] Levine R. Finance and growth: theory and evidence [J]. Social Science Electronic Publishing, 2004, 1 (5): 37-40.

[63] Levchenko A A, Rancie Rer Thoenig M. Growth and risk at the industry level: The real effects of financial liberalization [R]. Cepr Discussion Papers, 2008.

[64] McKinnon R I. Money and capital in economic development [M]. Washington, D. C. Brooking Institution, 1973.

[65] Mian A R, Sufi A. House prices, home equity-based borrowing, and the U. S. household leverage crisis [J]. American Economic Review, 2011, 101 (5): 2132-2156.

[66] Mishra V, Bisht S S. Mobile banking in a developing economy: A customer centric model for policy formulation [J]. Telecommunications Policy, 2013,

37 (6-7): 503-514.

[67] Minsky H P. The Financial Instability Hypothesis: An Interpretation of Keynes and an Alternative to "Standard" Theory [J]. Challenge, 1977, 1 (20): 20-27+61-79.

[68] Minsky H P. Stabilizing an unstable economy [M]. New Haven: Yale University Press, 1986.

[69] Minsky, H P. In Philip Arestis and Malcolm Sawyer eds. A Biographical Dictionary of Dissenting Economists, 2nd Edition [C]. Cheltenham: Edward Elgar, 2000: 411-416.

[70] Mittnik S, Semmler W. The real consequences of financial stress [J]. Journal of Economic Dynamics and Control, 2013, 37 (8): 1479-1499.

[71] Merton R C. On the application of the continuous-time theory of finance to financial intermediation and insurance [J]. The Geneva Risk and Insurance Review, 1989, 14 (3): 225-261.

[72] Mian A, Sufi A. What explains high unemployment? The deleveraging-aggregate demand hypothesis [R]. University of California, Berkeley and NBER, Working Paper, 2011.

[73] Manthos D, Georgios P. Kouretas, Interest Rates and Bank Risk-taking [J]. Journal of Banking Finance, 2011 (35): 36-89.

[74] Mandelman F S. Business cycle: A role for imperfect competition in the banking system [J]. International Finance, 2011 (1): 103-133.

[75] Manganelli S, Popova. Financial development, sectoral reallocation, and volatility international evidence [J]. Journal of International Economics, 2015, 96 (2): 323-337.

[76] McKinnon R. Money and capital in economic development [M]. Brookings Institution Press, 1973.

[77] Modigliani F, Brumberg R. Utility analysis and the consumption function: An interpretation of cross-section data [M]. New Jersey: Rutgers University Press, 1954.

[78] Mookerjee R, Kalipioni P. Availability of financial services and income inequality: The evidence from many countries [J]. Emerging Markets Review, 2010, 11 (4): 404-408.

[79] Raddatz C. Liquidity needs and vulnerability to financial underdevelopment [J]. Journal of Financial Economics, 2006, 80 (3): 677-722.

[80] Reinhart C M, Rogoff K S. Growth in a time of debt [J]. American Economic Review, 2010, 100 (2): 573-578.

[81] Reinhart M, Rogoff S. From financial crash to debt crisis [J]. American Economic Review, 2011, 101 (5): 1676-1706.

[82] Sanchez J M. The information technology revolution and the unsecured credit Market [J]. Economic Inquiry, 2018, 56 (2): 914-930.

[83] Sarma M, Pais J. Financial inclusion and development [J]. Journal of International Development, 2011, 23 (5) .

[84] Sebastian B, Young G. The rise in US household debt: Assessing its causes and Sustainability [J]. Bank of England Quarterly Bulletin, 2003 (4): 45-48.

[85] Shaw E S. Financial deepening in economic development [M]. New York: Oxford University Press, 1973.

[86] Shilling A. The age of deleveraging: Investment strategies for a decade

of slow growth and deflation [M]. New York: John Wiley Press, 2012.

[87] Schularick M, Taylor A M. Credit Booms Gone Bust: Monetary policy, Leverage cycles, and Financial crises, 1870-2008 [R]. NBER Working Paper, No, 15512, 2009.

[88] Sikarwar T, Goyal A, Mathur H. Household debt, financial inclusion, and economic growth of India: is it alarming for India? [J]. Asian Economic and Financial Review, 2020, 10 (3): 229-248.

[89] Snchez J M. The information technology revolution and the unsecured credit market [J]. Economic Inquiry, 2018, 56 (2): 914-930.

[90] Sutherl D, Hoeller P. Debt and macroeconomic stability: an overview of the literature and some empirics [R]. Oecd Economics Department Working Papers, 2012.

[91] Stiglitz J E, Weiss A. Credit rationing in markets with imperfect information [J]. The American Economic Review, 1981, 71 (3): 393-410.

[92] Tiryaki G F. Financial Development and economic fluctuations [Z]. METU Studies in Development, 2003.

[93] Thorsten B, Lundber R M, Majnoni G. Financial intermediary development and growth volatility: Do intermediaries dampen or magnify shocks? [J]. Journal of International Money and Finance, 2006, 25 (7): 1146-1167.

[94] Tepper A, Borowiecki K J. A leverage-based measure of financial instability [J]. Economic Round-up, 2014, 102 (3): 53-58.

[95] UedaK, Valencia F. Central bank independence and macro-prudential regulation [J]. Economics Letters, 2014, 125 (2): 327-330.

[96] Valencia F V. Monetary policy, bank leverage, and financial stability

[J]. Journal of Economic Dynamics and Control, 2011, 47 (244).

[97] Wahid A N M, Jalil A. Financial development and GDP volatility in China [J]. Economic Notes, 2010, 39 (1-2): 27-41.

[98] Wagner W. Diversification at financial institutions and systemic crises [J]. Journal of Financial Intermediation, 2010, 19 (3): 16-65+373-386.

[99] Wang P, Wen Y. Financial development and long-run volatility trends [R]. FRB of St. Louis Working Paper No, 2013.

[100] 艾昕. 我国宏观杠杆率的经济增长效应与调控对策研究 [D]. 长春: 吉林大学, 2022.

[101] 白雪, 牛锋. 杠杆率和偿债负担的宏观经济效应——基于私人非金融部门的视角 [J]. 金融经济学研究, 2017, 32 (4): 48-58.

[102] 陈雨露, 马勇, 徐律. 老龄化、金融杠杆与系统性风险 [J]. 国际金融研究, 2014 (9): 3-14.

[103] 陈雨露, 马勇, 阮卓阳. 金融周期和金融波动如何影响经济增长与金融稳定? [J]. 金融研究, 2016 (2): 1-22.

[104] 陈德凯. 我国杠杆率的基本特征、影响因素与调控对策研究 [D]. 长春: 吉林大学, 2019.

[105] 陈乐一, 李良, 杨云. 金融结构变动对经济波动的影响研究——基于中国省际面板数据的实证分析 [J]. 经济经纬, 2016, 33 (1): 126-131.

[106] 陈卫东, 熊启跃. 我国非金融企业杠杆率的国际比较与对策建议 [J]. 国际金融研究, 2017 (2): 5-13.

[107] 杜强. 中国债务杠杆形成机制与宏观效应研究 [D]. 天津: 天津财经大学, 2018.

[108] 董进. 宏观经济波动周期的测度 [J]. 经济研究, 2006 (7):

41-48.

[109] 董凯，许承明，杜修立．金融深化、房产价格与宏观经济波动 [J]．金融论坛，2017，22（10）：21-30+80．

[110] 董小君．我国杠杆率水平、系统性风险与政策体系设计 [J]．理论探索，2017（2）：5-15．

[111] 冯文芳，刘晓星，石广平，王正军．金融杠杆与资产泡沫动态引导关系研究 [J]．经济问题探索，2017（4）：135-146．

[112] 符瑞武，高波．企业债务影响金融稳定和经济增长的时变冲击效应 [J]．郑州大学学报（哲学社会科学版），2021，54（1）：59-64．

[113] 苟文均，袁鹰，漆鑫．债务杠杆与系统性风险传染机制——基于 CCA 模型的分析 [J]．金融研究，2016（3）：74-91．

[114] 郭文伟．结构性去杠杆与金融机构系统性风险溢出：促进还是抑制？ [J]．中央财经大学学报，2020（4）：26-41．

[115] 郭桂霞，黄冠群．我国省级分部门杠杆率对经济增长的门槛效应研究 [J]．宏观质量研究，2020，8（2）：55-74．

[116] 郭新华，陈斌，伍再华．中国人口结构变化与家庭债务增长关系的实证考察 [J]．统计与决策．2015（4）：96-99．

[117] 郭新华，楚思．家庭债务对收入不平等与消费不平等间关系的调节效应：2004—2012 [J]．湘潭大学学报（哲学社会科学版）．2015，39（2）：37-41．

[118] 郭晔，赵静．存款竞争、影子银行与银行系统风险——基于中国上市银行微观数据的实证研究 [J]．金融研究．2017（6）：81-94．

[119] 郭红玉，李义举．金融杠杆、金融波动与经济增长——基于时变参数向量自回归模型 [J]．国际商务（对外经济贸易大学学报），2018（6）：

101-113.

[120] 顾胥，李研妮，陈邦强，魏琪，于晨阳．杠杆率水平的跨国实证比较及中国杠杆水平的结构特点 [J]．金融纵横，2017（3）：57-62.

[121] 何德旭，王卉彤．金融创新效应的理论评述 [J]．财经问题研究，2008（12）：3-8.

[122] 何德旭，张雪兰，王朝阳，包慧娜．货币政策不确定性、银行信贷与企业资本结构动态调整 [J]．经济管理，2020，42（7）：5-22.

[123] 胡援成．中国企业资本结构与企业价值研究 [J]．金融研究，2002（3）：110-122.

[124] 胡继晔，李依依．中国宏观审慎逆周期监管指标初探 [J]．宏观经济研究，2018（5）：20-33.

[125] 黄少安，王伟佳．分部门去杠杆与宏观经济波动——基于预期与货币政策有效性视角 [J]．财经科学，2019（1）：16-26.

[126] 黄亿红，杨杰．我国宏观经济稳杠杆对策分析 [J]．理论探讨，2020（2）：109-113.

[127] 蒋海，刘雅晨．宏观经济波动、内部治理与金融稳定的顺周期性 [J]．金融经济学研究，2018，33（2）：60-70.

[128] 江红莉，程思婧，刘丽娟．实体经济杠杆率水平、结构与经济增长——基于跨国 PVAR 模型的实证研究 [J]．武汉金融，2019（7）：23-29.

[129] 江红莉，刘丽娟．企业杠杆率、宏观经济景气指数与系统性金融风险 [J]．金融监管研究，2020（1）：66-83.

[130] 蒋骄亮．金融杠杆对经济波动的影响研究 [D]．长沙：湖南大学，2018.

[131] 贾松波，周兵，徐健翔．杠杆率对区域性金融风险的影响研

究——基于中国省级数据的分析 [J]. 新金融, 2021 (8): 11-19.

[132] 金鹏辉, 王营, 张立光. 稳增长条件下的金融摩擦与杠杆治理 [J]. 金融研究, 2017 (4): 78-94.

[133] 纪敏, 严宝玉, 李宏瑾. 杠杆率结构、水平和金融稳定——理论分析框架和中国经验 [J]. 金融研究, 2017 (2): 11-25.

[134] 姜子叶, 胡育蓉. 财政分权、预算软约束与地方政府债务 [J]. 金融研究, 2016 (2): 198-206.

[135] 李向前, 苑小静, 贺瑞瑞, 杨旸. 我国杠杆率与系统性风险的关系研究 [J]. 华北金融, 2019 (5): 4-18.

[136] 李黎力. 明斯基金融不稳定性假说评析 [J]. 国际金融研究, 2017 (6): 36-44.

[137] 李佩珈, 梁婧. 杠杆率、债务风险与金融稳定——基于理论和中国经济杠杆率的实证分析 [J]. 新金融, 2015 (4): 18-21.

[138] 李扬, 张晓晶, 常欣, 汤铎铎, 李成. 中国主权资产负债表及其风险评估 (上) [J]. 经济研究, 2012 (6): 4-19.

[139] 李扬, 张晓晶, 常欣. 中国国家资产负债表 2015: 杠杆调整与风险管理 [M]. 北京: 中国社会科学出版社, 2015.

[140] 李扬, 张晓晶, 常欣. 中国国家资产负债表 2018 [M]. 北京: 中国社会科学出版社, 2018.

[141] 李宏瑾, 任羽菲. 金融结构、经济效率与 M2/GDP 的关系——基于跨国面板数据的实证研究 [J]. 经济与管理研究, 2020, 41 (5): 79-90.

[142] 兰日旭. 中国近代金融风潮防范——以政府治理为中心 [J]. 安徽师范大学学报 (人文社会科学版), 2018 (1): 128-137.

[143] 刘金全, 陈德凯, 徐宁. "低增长、低通胀"驱动了我国宏观经

济杠杆率的快速上升吗？[J]. 江西财经大学学报，2018（4）：13-23.

［144］刘一楠，王亮. 内生的杠杆阈值、金融加速器与宏观经济波动——基于动态随机一般均衡模型（DSGE）的分析 [J]. 南方经济，2018（12）：57-77.

［145］刘晓光，刘元春. 杠杆率重估与债务风险再探讨 [J]. 金融研究，2018（8）：33-50.

［146］刘晓光，刘元春，王健. 杠杆率、经济增长与衰退 [J]. 中国社会科学，2018（6）：50-70+205.

［147］刘晓光，张杰平. 中国杠杆率悖论——兼论货币政策"稳增长"和"降杠杆"真的两难吗 [J]. 财贸经济，2016（8）：5-19.

［148］刘晓光，苟琴. 银行业结构对中小企业融资的影响 [J]. 经济理论与经济管理，2016（6）：58-71.

［149］刘晓欣，雷霖. 金融杠杆、房地产价格与金融稳定性——基于SVAR模型的实证研究 [J]. 经济学家，2017（8）：63-72.

［150］刘哲希，李子昂. 结构性去杠杆进程中居民部门可以加杠杆吗 [J]. 中国工业经济，2018（10）：42-60.

［151］刘哲希，郭俊杰，谭涵予等. 货币政策能够兼顾"稳增长"与"稳杠杆"双重目标吗？——基于不同杠杆环境的比较 [J]. 金融研究，2022（7）：20-37.

［152］刘尧成，李想. 金融周期、金融波动与中国经济增长——基于省际面板门槛模型的研究 [J]. 统计研究，2019，36（10）：74-86.

［153］梁骁. 中国宏观杠杆的演变逻辑与调控策略分析 [D]. 上海：上海财经大学，2022.

［154］刘伟江，王虎邦，林晶. 稳增长与去杠杆目标下的货币政策效应

分析 [J]．经济问题探索，2018（3）：127-135.

[155] 李程，闫增芹．公司债券违约与金融脆弱性的关系研究 [J]．上海立信会计金融学院学报，2021，33（6）：21-34.

[156] 娄飞鹏．非金融部门杠杆率现状与去杠杆建议 [J]．西南金融，2017（7）：23-29.

[157] 娄飞鹏．理性看待杠杆和杠杆率 [J]．金融市场研究，2019（4）：33-41.

[158] 骆祚炎，陈炳鑫．金融减速器效应与经济波动的抑制——基于金融加速器理论视角的分析 [J]．经济研究，2019（6）：96-109+120.

[159] 陆岷峰，吴建平．金融去杠杆背景下资产流动性对商业银行风险承担的影响研究 [J]．河北科技大学学报（社会科学版），2018，18（4）：1-10.

[160] 马勇，李振．城镇化、金融杠杆与经济增长 [J]．金融评论，2016（3）：1-19.

[161] 马勇，田拓，阮卓阳．金融杠杆、经济增长与金融稳定 [J]．金融研究，2016（6）：45-61.

[162] 马勇，陈雨露．金融杠杆、杠杆波动与经济增长 [J]．经济研究，2017，52（6）：31-45.

[163] 马勇，陈雨露．宏观审慎政策的协调与搭配：基于中国的模拟分析 [J]．金融研究，2013（8）：57-69.

[164] 马建堂，董小君，时红秀，徐杰，马小芳．中国的杠杆率与系统性金融风险防范 [J]．财贸经济，2016，37（1）：5-21.

[165] 马俊，张晓蓉，李治国等．中国国家资产负债表研究 [M]．北京：社会科学文献出版社，2012.

[166] 马亚明，常军，佟淼. 新利率双轨制、企业部门杠杆率差异与我国货币政策传导——考虑影子银行体系的 DSGE 模型分析 [J]. 南开经济研究，2018（6）：57-73.

[167] 马亚明，段奇奇. 中国影子银行顺周期性及其货币政策效应——基于 TVP-VAR 模型的分析 [J]. 现代财经（天津财经大学学报），2018，38（12）：146-157.

[168] 马亚明，王虹珊. 影子银行、金融杠杆与中国货币政策规则的选择 [J]. 金融经济学研究，2018，33（1）：22-35.

[169] 孟宪春，张屹山，李天宇. 中国经济"脱实向虚"背景下最优货币政策规则研究 [J]. 世界经济，2019，42（5）：27-48.

[170] 孟宪春，张屹山，李天宇. 有效调控房地产市场的最优宏观审慎政策与经济"脱虚向实" [A] //吉林大学数量经济优秀成果汇编（2018 年卷）. 吉林大学商学院；吉林大学；吉林大学数量经济研究中心，2019：17.

[171] 穆争社. 论信贷配给对经济波动的影响 [J]. 金融研究，2005（1）：74-81.

[172] 毛锐，刘楠楠，刘蓉. 地方政府债务扩张与系统性金融风险的触发机制 [J]. 中国工业经济，2018（4）：19-38.

[173] 潘敏，袁歌骋. 金融去杠杆对经济增长和经济波动的影响 [J]. 财贸经济，2018，39（6）：58-72+87.

[174] 覃焕，蒙飘飘. 资本账户开放、杠杆率结构与金融稳定 [J]. 浙江金融，2019（7）：40-48.

[175] 孙力军. 中国金融发展与经济波动——均衡和非均衡视角的研究 [J]. 山西财经大学学报，2015（6）：12-21.

[176] 宋亚，成学真，赵先立. 我国省域杠杆率及其对经济增长的影

响——基于省级面板数据门槛模型［J］. 华东经济管理, 2017（2）: 100-106.

［177］宋清华, 林永康. 杠杆率会影响全要素生产率吗——基于企业和地区异质性的视角［J］. 山西财经大学学报, 2021, 43（3）: 112-126.

［178］沈悦, 余若涵, 杜正春. 金融深化与房价波动: 一个倒"U"型关系［J］. 统计与信息论坛, 2020, 35（10）: 60-69.

［179］沈悦, 李博阳, 张嘉望. 金融杠杆率、房价泡沫与金融稳定性［J］. 大连理工大学学报（社会科学版）, 2020, 41（3）: 25-35.

［180］盛松成. 社会融资规模与货币政策传导［J］. 金融研究, 2012（10）: 1-14.

［181］盛松成. 建立统一全面共享的金融业综合统计体系［J］. 中国金融, 2012（7）: 34.

［182］盛松成. 从地区社会融资规模能看出什么［J］. 中国经济报告, 2014（4）: 65-69.

［183］盛天翔, 张勇. 货币政策、金融杠杆与中长期信贷资源配置——基于中国商业银行的视角［J］. 国际金融研究, 2019（5）: 55-64.

［184］苏明政, 张庆君. 关联性视域下我国金融行业间系统性风险传染效应研究［J］. 会计与经济研究, 2015（6）: 111-124.

［185］仝冰. 货币、利率与资产价格——基于 DSGE 模型的分析和预测［D］. 北京: 北京大学, 2010.

［186］汤铎铎. 金融去杠杆、竞争中性与政策转型——2019 年中国宏观经济展望［J］. 经济学动态, 2019（3）: 32-43.

［187］谭小芬, 李源, 苟琴. 美国货币政策推升了新兴市场国家非金融企业杠杆率吗［J］. 金融研究, 2019（8）: 38-57.

［188］谭小芬, 李源, 王可心. 金融结构与非金融企业"去杠杆"

［J］．中国工业经济，2019（2）：23-41.

［189］陶双桅．金融结构对经济波动的影响研究［D］.北京：首都经济贸易大学，2017.

［190］陶双桅，任光宇．金融中介和金融市场对经济波动的影响一样吗？［J］.西北师范大学学报（社会科学版），2018（9）：127-132.

［191］吴立力．金融杠杆、杠杆结构与银行业风险承担——基于跨国面板数据的动态系统 GMM 分析［J］.西南民族大学学报（人文社会科学版），2019，40（5）：113-121.

［192］吴炎芳，张国栋．经济杠杆、金融稳定与经济增长效率耦合协调发展研究［J］.当代经济，2020（11）：52-55.

［193］王韧，李志伟．金融加速器效应与"杠杆率悖论"——基于制造业部门的实证研究［J］.上海财经大学学报，2019，21（6）：35-49.

［194］王宇鹏，赵庆明．金融发展与经济波动——来自世界 214 个国家的经验证据［J］.国际金融研究，2015（2）：3-13.

［195］王国静，田国强．金融冲击和中国经济波动［J］.经济研究，2014（3）：20-34.

［196］王爱俭，杜强．经济发展中金融杠杆的门槛效应分析——基于跨国面板数据的实证研究［J］.金融评论，2017（5）：18-27.

［197］王学凯．金融杠杆对经济增长的影响研究［D］.北京：中共中央党校，2019.

［198］王虎邦．中国宏观杠杆率的经济增长效应研究［D］.长春：吉林大学，2018.

［199］王路加，郭亚妮．我国货币政策的金融稳定渠道检验——基于中国 16 家上市银行数据的动态 GMM 实证分析［J］.会计与经济研究，2017

（6）：96-113.

［200］王艺璇，刘喜华．金融稳定、金融杠杆与经济增长——基于时变参数向量自回归模型［J］．金融发展研究，2019（5）：1-9.

［201］王艺霖，李连发．经济增长、货币政策和企业债务——我国企业债务资本比率及其稳态水平的一个估计［J］．上海经济研究，2019（9）：47-59.

［202］王朝阳，王文汇．宏观杠杆率：指标争议、合意水平与现状分析［J］．中国发展观察，2019（6）：29-33.

［203］王桂虎，郭金龙．中国非金融企业杠杆率的异质性估算、未来情景模拟及实证研究［J］．经济经纬，2018，35（6）：158-164.

［204］王勇．宏观审慎政策调控住房市场的有效性研究［J］．当代财经，2018（3）：12-22.

［205］王勇，卢锋．中国经济增长减速成因与对策（笔谈之二）［J］．学习与探索，2018（10）：2+133-140.

［206］王紫薇，王海龙．货币政策、金融杠杆与金融稳定［J］．金融发展研究，2020（2）：55-61.

［207］王兴，刘超．中高等收入国家金融杠杆的门槛效应——来自跨国面板数据的经验分析［J］．会计与经济研究，2020，34（4）：115-128.

［208］汪勇，马新彬，周俊仰．货币政策与异质性企业杠杆率——基于纵向产业结构的视角［J］．金融研究，2018（5）：47-64.

［209］汪莉．隐性存保、"顺周期"杠杆与金融稳定［J］．经济研究，2017，52（10）：67-81.

［210］吴建銮，赵春艳，南士敬．金融杠杆波动与中国经济波动——来自我国省级面板数据的实证研究［J］．当代经济科学，2018，40（5）：12-20+124.

[211] 吴军，杨戈，陈丽萍．我国债务杠杆率问题研究：一个文献综述 [J]．广东社会科学，2018（1）：18-26+254.

[212] 吴永钢，杜强．中国债务杠杆形成机制的理论与实证研究 [J]．南开大学学报（哲学社会科学版），2018（5）：152-160.

[213] 吴尚燃．债务杠杆率调整与货币政策选择问题研究 [D]．长春：吉林大学，2019.

[214] 伍戈，李斌．货币创造渠道的变化与货币政策的应对 [J]．国际金融研究，2012（10）：4-10.

[215] 伍中信，张娅，张雯．信贷政策与企业资本结构——来自中国上市公司的经验证据 [J]．会计研究，2013（3）：51-58+96.

[216] 徐海霞．货币政策与宏观审慎监管协调问题的研究进展 [J]．经济问题探索，2018（11）：141-151.

[217] 徐文舸．我国居民部门稳杠杆之路任重而道远 [J]．中国经贸导刊，2020（21）：67-69.

[218] 夏越．金融杠杆如何影响系统性金融风险——U 型关系与空间溢出 [J]．财经科学，2019（1）：1-15.

[219] 夏小文．中国杠杆率的特征事实、成因及对策 [J]．经济学家，2017（11）：21-27.

[220] 肖崎，廖鸿燕．企业金融化对宏观经济波动的影响——基于杠杆率的中介效应研究 [J]．国际金融研究，2020（8）：13-23.

[221] 徐诺金，姜再勇．中国经济杠杆率水平评估及潜在风险研究 [J]．金融监管研究，2014（5）：23-38.

[222] 袁申国，陈平，刘兰凤．汇率制度、金融加速器和经济波动 [J]．经济研究，2011，46（1）：57-70+139.

［223］袁申国，张振华．金融效率抑制了经济波动吗——基于61个国家面板数据的经验研究［J］．当代财经，2019（7）：59-71.

［224］袁利勇，胡日东．我国宏观经济杠杆的部门结构分析［J］．经济问题探索，2018（9）：31-41.

［225］杨友才．金融发展与经济增长——基于我国金融发展门槛变量的分析［J］．金融研究，2014（2）：59-71.

［226］杨再斌．融资结构优化与去杠杆路径［J］．中国金融，2018（17）：70-72.

［227］杨世峰，胡玉．经济转型背景下我国杠杆率结构性特征及优化［J］．金融教育研究，2020，33（2）：51-57.

［228］杨明秋．发达国家金融系统的去杠杆化趋势及其影响［J］．中央财经大学学报，2011（2）：33-38.

［229］姚舜达，朱元倩．货币政策、流动性约束与金融稳定——基于面板门限回归模型［J］．金融评论，2017，9（2）：12-24+124.

［230］姚耀军，鲍晓辉．金融中介发展平抑了经济波动吗——来自中国的经验证据［J］．财经研究，2013（1）：61-70.

［231］约翰·梅纳德·凯恩斯．就业、利息和货币通论［M］．北京：商务印书馆，2005.

［232］鄢莉莉，王一鸣．金融发展、金融市场冲击与经济波动——基于动态随机一般均衡模型的分析［J］．金融研究，2012（12）：82-95.

［233］俞利军等．美国金融危机调查报告［M］．北京：中信出版社，2012.

［234］朱连磊，赵昕，丁黎黎．预期冲击、金融摩擦和金融杠杆［J］．海南金融，2019（10）：3-19.

［235］赵振全，于震，刘淼．金融加速器效应在中国存在吗？［J］．经济研究，2007，6（1）：27-38.

［236］赵黎，张红伟．信贷周期、产业结构与经济波动的关系研究［J］．统计与决策，2014（3）：145-148.

［237］赵立文．我国金融、企业和政府部门的杠杆率及其风险问题研究［D］．长春：吉林大学，2018.

［238］张晓玫，罗鹏．信贷增长、金融发展与经济波动［J］．国际金融研究，2014（5）：14-23.

［239］张伟进，方振瑞．金融冲击与中国经济波动［J］．南开经济研究，2013（5）：3-20.

［240］张成科，张欣，高星．杠杆率结构、债务效率与金融风险［J］．金融经济学研究，2018，33（3）：57-67.

［241］张强，乔煌峰，张宝．中国货币政策的金融稳定渠道存在吗？［J］．金融研究，2013（8）：29-57.

［242］张冀，孙亚杰，张建龙．我国家庭负债存在过度风险吗？——基于负债结构下的消费视角［J］．河北经贸大学学报，2020，41（5）：28-38.

［243］张江涛．中国居民部门加杠杆的逻辑和潜在风险［J］．国际金融，2018（7）：64-72.

［244］张雅淋，孙聪，姚玲珍．越负债，越消费？——住房债务与一般债务对家庭消费的影响［J］．经济管理，2019，41（12）：40-56.

［245］张斌，何晓贝，邓欢．不一样的杠杆——从国际比较看杠杆上升的现象、原因与影响［J］．金融研究，2018（2）：15-29.

［246］张鑫．金融结构性杠杆、资产回报与经济波动［J］．经济经纬，2020，37（1）：159-166.

［247］张靖．我国部门杠杆率变动的宏观经济冲击效应研究——基于 DSGE 实证分析［J］．金融发展评论，2019（6）：12-23.

［248］张秀秀．金融杠杆率与经济增长及金融稳定的关系研究［J］．中国商论，2019（8）：40-42.

［249］张莹，修媛媛，王思莹．金融开放真的导致宏观经济波动吗？——基于跨国面板数据的实证研究［J］．宏观经济研究，2019（6）：16-29+94.

［250］张春海．经济发展中的金融杠杆的门槛效应与拐点效应——来自跨国面板数据的经验分析［J］．金融发展研究，2018（11）：33-39.

［251］张晓晶，文丰安．结构性去杠杆：政策演进、理论逻辑与实现路径［J］．改革，2018（8）：5-14.

［252］张晓晶．去杠杆的关键抓手［J］．中国经济报告，2018（9）：81-83.

［253］张晓晶，常欣，刘磊．结构性去杠杆：进程、逻辑与前景——中国去杠杆 2017 年度报告［J］．经济学动态，2018（5）：16-29.

［254］张晓晶，常欣，刘磊．中国去杠杆进程［J］．中国经济报告，2018（5）：78-80.

［255］钟伟，顾弦．从金融危机看金融机构的去杠杆化及其风险［J］．中国金融，2009（2）：24-25.

［256］钟宁桦，刘志阔，何嘉鑫，苏楚林．我国企业债务的结构性问题［J］．经济研究，2016，51（7）：102-117.

［257］周俊仰，汪勇，韩晓宇．去杠杆、转杠杆与货币政策传导——基于新凯恩斯动态一般均衡的研究［J］．国际金融研究，2018，373（5）：24-34.

［258］周兵，胡振兴．结构性去杠杆与经济高质量发展——基于金融或非金融企业的 GMM 模型分析［J］．财会通讯，2019（27）：102-106.

［259］朱尔茜．杠杆转移与结构改革：美国去杠杆的经验与启示［J］．求索，2017（3）：141-146.

［260］朱澄．金融杠杆水平的适度性研究［M］．北京：中国社会科学出版社，2015.

［261］朱民．全球金融市场：结构性变化和波动［J］．国际金融研究，2017（1）：20-27.

［262］朱鹤，王沈南．流量视角下的居民债务［J］．中国金融，2021（24）：77-78.

［263］朱鹤，王沈南，何帆．基于明斯基理论的中国居民部门杠杆率重估与债务风险探讨［J］．经济学家，2021（12）：62-71.

［264］朱太辉，黄海晶．中国金融周期：指标、方法和实证［J］．金融研究，2018（12）：55-71.

［265］中国人民银行杠杆率研究课题组．中国经济杠杆率水平评估及潜在风险研究［J］．金融监管研究，2014（5）：19-33.

［266］中国人民银行金融稳定分析小组．中国金融稳定报告 2019［R］．中国人民银行，2019.

［267］中国人民银行营业管理部课题组．预算软约束、融资溢价与杠杆率［J］．经济研究，2017（10）：55-71.

［268］中国人民银行贵阳中心支行青年课题组．杠杆率对经济增长影响的结构差异和时变特征——基于居民、政府、企业三部门的国别比较研究［J］．金融理论与实践，2020（9）：26-34.

［269］支俊立，曾康霖，王宇．金融周期、经济增长与金融稳定性研究

[J]. 南开经济研究, 2020 (4): 66-87.

[270] 周海林, 严超超, 吴鑫育. 经济政策不确定性、宏观杠杆率与金融稳定性——基于 SVAR 模型和门限模型的实证研究 [J]. 大连海事大学学报 (社会科学版), 2021, 20 (4): 69-78.

[271] 周小川. 建立符合国情的金融宏观调控体系 [J]. 中国金融, 2011 (13): 9-13.

[272] 周小川. 国际金融危机: 观察、分析与应对 [M]. 北京: 中国金融出版社, 2012.

[273] 周彬, 周彩. 土地财政、企业杠杆率与债务风险 [J]. 财贸经济, 2019, 40 (3): 19-36.

[274] 周莉萍. 影子银行体系: 自由银行业的回归 [M]. 北京: 社会科学文献出版社, 2013.

[275] 周利, 易行健. 房价上涨、家庭债务与城镇居民消费: 贷款价值比的视角 [J]. 中国管理科学, 2020, 28 (11): 80-89.

附录　影子银行发展运作机制、潜在风险及监管改革

——基于中美对比视角

摘　要：中美两国影子银行发展存在阶段差异，本文依据历史与逻辑相一致的方法，对中美影子银行发展的演进逻辑、运作机制、风险形成与溢出机制进行系统比较，在借鉴与反思的基础上，系统总结美国影子银行发展的经验和教训，指出：中国影子银行发展，宏观层面应该在加强风险管理的基础上鼓励影子银行健康发展；完善监管制度框架，建立全面、统一的金融监管体系；规范资产管理产品框架，强化影子银行产品穿透式监管；平稳促进去杠杆，加快金融体系的配套改革。微观层面应该加强信息披露，建立完整的信息收集处理系统；强化资本约束，提升金融机构的风险承受能力和管理能力；完善金融机构破产机制和消费者保护机制。

关键词：影子银行；演进逻辑；运作机制；风险监管

近年来，伴随着金融市场发展的多元化，影子银行体系（Shadow Banking System，SBS）迅速发展，已逐渐成为金融市场上不可或缺的重要力量。IMF 认为，发展中国家必须要密切关注市场的流动性，避免市场活力与弹性

下降，才能较好地应对趋缓的经济形势和比较艰难的金融环境。[1] 我国影子银行体系的发展不仅促进了利率市场化进程，而且有利于实体经济的快速发展；但其业务发展极大地扩展了信用链条，再加上影子银行体系本身信息不透明、监管不到位等因素存在，影子银行体系与其他金融实体之间存在着较强的风险交叉传染倾向。[2]

2017年10月，周小川在国际货币基金组织年会期间，讲到金融稳定发展委员会未来将重点关注的问题中，影子银行位列首位。当前经济平稳发展的环境下，采取措施防范影子银行风险，促使影子银行发展更好为实体经济服务的课题，已为社会各界积极关注。美国影子银行体系经历了一个完整的发展周期，影子银行体系存在的问题已经充分暴露并形成一套有效的防范方法。中国的影子银行体系起步较晚，但发展速度较快，目前尚未规范成熟，处在一个不断调整、探索的阶段，依据金融发展历史与逻辑相一致的特性，对美国影子银行体系进行深层次探析，系统比较中美影子银行体系，总结经验，取长补短，不仅有利于中国影子银行体系的健康发展，而且有利于中国现阶段的金融改革。

一、文献综述及问题的提出

从世界范围看，"影子银行"由美国太平洋投资管理公司执行董事麦卡利首次提出并被广泛采用。鲍兹（Pozsar et al.，2010）认为影子银行在没有央行和公共部门提供信用和流动性担保的情况下，却实现了信用、期限及流动性转换。[3] 金融稳定理事会（Financial Stability Board，2011）认为影子银行作为信用中介，游离于银行监管体系之外，包含多种相关机构与业务活动，可能引发系统性风险和监管套利等问题。[4]

近年来，国内外学者对影子银行的研究日益丰富，但更多的是单独研究美国影子银行或者中国影子银行的发展，基于中美影子银行体系对比研究虽然有一些论述，但仍需要深入系统分析。徐学超、张新兰（2012）和姚敏（2014）从对比视角出发，对中美影子银行内涵、发展状况及监管等方面进行了分析，但并未从历史背景的角度深层次分析两国影子银行发展的演进规律、共性及经验。[5][6] 陈继勇和甄臻（2013）认为与美国影子银行相比，我国影子银行发展速度较快、与商业银行关联紧密、系统性风险发生概率较大，但影子银行产品的杠杆率、复杂程度均低于美国影子银行产品。[7] 陆晓明（2014）比较分析中美两国的影子银行系统，总结了美国影子银行系统发展中的经验教训，并对中国影子银行系统的未来发展提出对策。[8] 胡振华和王振（2015）从美国资产证券化产品和国内银行表外理财、信托投资运作流程以及参与主体等微观视角比较国内外影子银行的运行机理，指出国内外影子银行在融资模式、运行复杂程度、主要功能、参与主体等方面存在较大差异，对影子银行的监管也应区别对待。[9] 何启志等（2017）对中美影子银行的运作机制、运作效果、主要缺陷等进行研究，并指出现阶段中国影子银行发展的主要困境与潜在突破口。[10]

总体来看，目前关于中美影子银行的比较研究数量有限，中美两国影子银行体系所处发展阶段不同，美国影子银行发展较为成熟，而中国影子银行仍处于新兴阶段，下一步也可能会有与美国影子银行类似的发展周期。因此，本文基于比较研究的视角，结合历史背景重点对中美影子银行的发展演进逻辑、运作机制、风险形成与溢出机制、金融监管等方面进行系统比较，以便取长补短，为后期中国影子银行体系健康发展提供镜鉴。

二、中美影子银行发展演进过程比较

（一）美国影子银行发展演进过程

美国联邦住宅贷款银行（FHLB）20 世纪 30 年代成立，以此为标志，美国影子银行产生。20 世纪 30~70 年代，美国经济中金融压抑比较严重，金融监管不断趋严。尤其在 60 年代，美国通货膨胀趋势明显，为了避免通货膨胀的危害，美联储积极采取紧缩银根的货币政策，利率水平不断提高，再加上《格拉斯—斯蒂格尔法》和 Q 条例的严格监管，商业银行存款利率大大低于通货膨胀率，非银行金融机构通过发行货币市场共同基金、公司债券、商业票据等产品以高利率争夺商业银行资金，资金迅速从商业银行体系向其他高收益的投资渠道分流。迫于资金压力商业银行不断进行金融创新，发展资产证券化为主的表外业务。商业银行传统贷款的"信贷发放—持有"（originate-to-hold）模式逐渐演变为"信贷发放—分散"（originate-to-distribute）模式，以信贷资产证券化为主的影子银行业务在美国发展迅速。

附表 1　美国影子银行业务特征及发展状况

时间	特征	发展状况
1970 年以前	监管套利、信托	规模较小，业务活动简单，以传统的信托公司为主
1971~1999 年	资产证券化 金融脱媒	非银行金融中介发展较快，金融脱媒，资产证券化不断发展
2000~2007 年	交易衍生化 资产高度证券化	商业银行与非银行金融机构边界打破，分业经营退出，影子银行业务迅速发展
2008 年至今	监管、整合	金融危机后，不断加强对影子银行的监管

由附表 1 可知，1970 年以前，美国影子银行规模较小，形态简单，主要是传统的信托公司。70 年代以后一直到 2007 年，美国影子银行高速增长，形式也由传统的信托转化为资产证券化，尤以 2000~2007 年影子银行体系增长最快，业务主要是银行资产证券化，以及在高度证券化基础上的交易衍生化，这一时期，非银行金融机构与商业银行的边界不断被打破，影子银行业务空前繁荣。2008 年金融危机之后，美国金融监管趋严，影子银行及其业务在经历过短暂低潮后继续发展。这一时期，影子银行体系的特征及弊端在危

机中得到更进一步的认识，市场监管不断加强。

纵向来看，商业银行负债脱媒是美国影子银行发展的主要驱动力，商业银行资产主要来自货币市场短期工具；货币市场基金、对冲基金、债券保险公司等非银行金融机构是美国影子银行体系发展的主要推手，这些机构通过杠杆操作利用复杂的金融工具，给金融体系带来了巨大的风险，并成为2008年次贷危机的主要推手。

（二）中国影子银行发展演进过程

中国影子银行的兴起可以追溯到2003年，2008年之后初具规模。美国金融危机后，为了避免外围金融危机的影响，中国政府实施了一系列刺激经济的政策，随着信贷控制逐步放松，中国影子银行发展的空间不断扩展（见附表2）。

附表2　中国影子银行体系发展演进过程

阶段	时间	发展状况
第一阶段	2008~2010年	影子银行初具规模，银行合作，银行发行理财产品募集，信贷出表
第二阶段	2011~2013年	银行合作单一通道向多通道合作模式转化
第三阶段	2014年至今	影子银行快速发展，多通道模式下套利链条拉长

影子银行发展初期，主要是商业银行与其他金融机构的合作产品，随后由银行合作单一通道逐步演变为银证、银信等多通道合作模式，银证、银信受限后，演变为银基合作等跨专业领域进行镶嵌加杠杆等的产品。

根据"国办107号文"，借鉴胡利琴等对影子银行的测算，将2003年1月至2016年12月的委托贷款、未贴现银行承兑汇票、信托贷款、融资租赁四项业务数据加总得到影子银行总规模数据，这一阶段，影子银行发展趋势如附图1所示。[11]

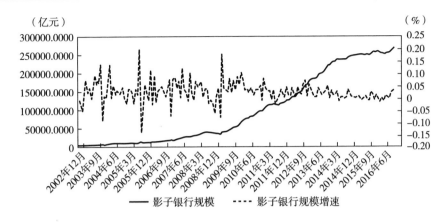

附图1 2003~2016 年中国影子银行规模发展情况

由附图1可知，2003~2008 年，中国影子银行整体保持较为平稳地增长，市场上非银行金融机构数量增加，但整体规模较小。2008~2013 年，影子银行快速发展，2009 年，中国政府实施"四万亿"投资计划来促进消费和投资，应对国际金融危机，短期内流动性快速释放导致物价增幅较大，2009 年下半年银监会实施适度收紧的货币政策，2010 年中国人民银行对商业银行贷款额度恢复控制，紧缩性的货币政策导致实体经济资金相对短缺，商业银行一方面要应对中央银行的各项约束，另一方面又要满足实体经济旺盛的资金需求，在此背景下，2010~2011 年，商业银行表外业务发展迅速，影子银行规模快速增长。2011 年之后，政府开始对商业银行表外业务和同业业务加强监管，影子银行规模增速逐渐放缓，但由于经济中仍然存在强大的资金需求，2012 年下半年，在信托通道受限之后，以银证合作为代表的大资管模式快速发展。影子银行通过银信、银证、银基、银保等通道合作模式，将理财资金投资于信贷等非标资产（见附图2），影子银行发展速度仍然较快。

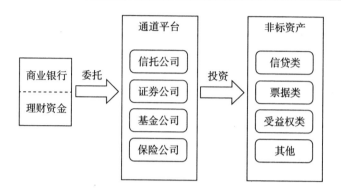

附图2 "理财资金—通道平台—非标资产"模式

2013年，为了绕开商业银行理财中非标的规定，同业业务发展迅速，理财与同业业务相结合的同业理财业务快速增长，随着非标投资监管逐渐趋严，影子银行的投资重点由非标资产转向标准化资产，"同业链条—委外投资—标准化资产（债券市场）"模式是这一阶段的主导模式（见附图3），总体来看，这一阶段影子银行仍然保持稳健发展。

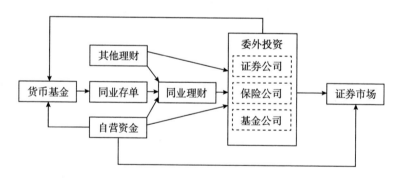

附图3 "同业链条—委外投资—债券市场"模式

三、中美影子银行运作机制比较

（一）美国影子银行运作机制——以资产证券化为核心

在美国经济中，影子银行通过多种管道与金融市场形成一个资金流系统。

此系统中，商业银行位于资产证券化环链的顶端，是基础资产—贷款发放的主体，影子银行是贷款证券化和融资的机构（见附图4）。各类贷款与证券经过商业银行等仓储行汇集以后，由特殊目的载体（Special Purpose Vehicle，SPV）结构化以后，形成资产支持证券（Asset - Backed Securitization，ABS)[12]，资产支持证券（ABS）结构化后大部分会被机构投资者投资，剩余部分由结构投资载体（Structured Investment Vehicle，SIV）进一步打包形成债务抵押债券（Collateralized Debt Obligation，CDO），债务抵押债券与贷款进一步被证券化，形成资产支持商业票据（Asset - Backed Commercial Paper，ABCP）。[3][13][14]

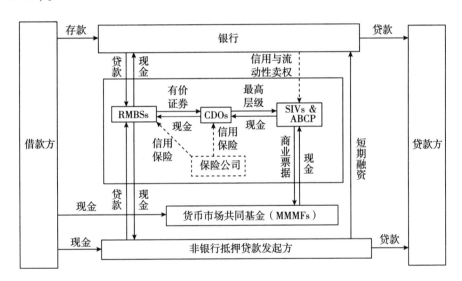

附图4　美国影子银行运作机制

资料来源：IMF（2014）。

综上所述，美国影子银行系统中，金融工具通过资产打包、分级、信用增级等程序进行证券化出售，创造了金融市场流动性（见附图5），在一定程度上替代了商业银行的信贷。只要市场存在强烈的资金需要，影子银行就会不断发展。[9]

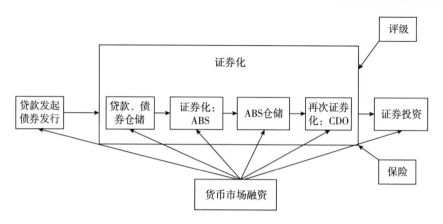

附图5　美国资产证券化业务链条分析

（二）中国影子银行运作机制——以信贷中介为主导

中国影子银行发展高度依赖于商业银行，且较多为类信贷产品，很多情况只是将商业银行存贷款业务平移到表外，由其他机构单独或与商业银行一起开展银行表外业务。如信托、委托贷款等业务，作为银行负债和信贷的变体，更多的是银行负债和信贷的替代。从我国商业银行的理财产品运作流程（见附图6）可知，中国影子银行作为银行信贷的替代品，并不涉及复杂的衍生产品，是典型的融资型金融机构，其资金更多地流向了实体经济。

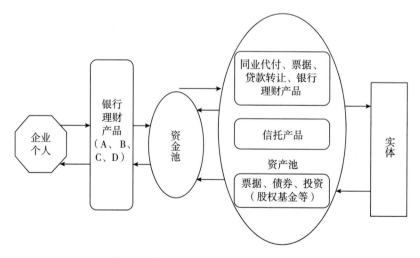

附图6　中国商业银行理财产品运作流程

我国影子银行产品的复杂程度和创新程度远不及美国影子银行，商业银行提供的金融组合产品在场内交易市场进行比较简单的金融交易，资产证券化业务规模相对较小。中国影子银行业务一般以理财、投资返利等形式获得资金，通过项目投资、资产重组等方式将资金输送到实体经济（见附图7）。

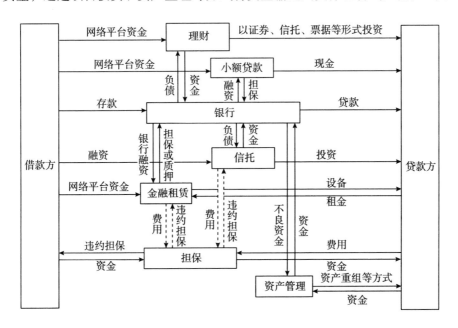

附图7　中国影子银行运行机制

中美两国影子银行运行机制的实质都是资金融通的信用中介，都从事监管套利和资金套利，运营均缺乏透明度。美国影子银行运行过程较为复杂，金融工具通过分类、转化、信用加强等程序进行出售，较多产品通过叠加金融衍生产品，杠杆会无限放大；而中国影子银行金融创新程度较低，各类型影子银行机构和产品相对简单，杠杆率较低。[10]

四、中美影子银行风险形成与溢出机制比较

美国影子银行的风险源于资产证券化。2008年以前，美国影子银行高速增长，随着金融机构放贷标准不断降低，次贷市场异常繁荣，由于次贷客户违约风险较高，商业银行为了降低自身的风险，会将手头的次级住房抵押贷款打包卖给 SPV，而 SPV 又会把次贷打包捆绑形成所谓的资产池，进而发放住房抵押贷款支持证券（RMBS），为了降低风险和获取更大收益，SPV 还会进一步证券化，在银行资产证券化过程中，风险辐射的机构、群体越来越多。2004 年 6 月至 2006 年 6 月，随着美国经济反弹和"通胀"升高，以及美联储的利率不断上调，房价下跌，很多依靠房屋出售或者利用房产再抵押获取资金来支付房贷的购房者无法获取资金，出现"断供"现象或者逃废贷款的行为，次级抵押贷款违约率迅速上升，导致 2008 年美国次贷危机的产生。[12] 具体来看，原因在于美国影子银行产品过度创新、高杠杆操作、期限结构错配和产品设计信息披露不透明，鉴于现代金融体系复杂的关联结构和信息传染途径，导致风险在短时间内快速扩散溢出。

美国影子银行运行过程包含了货币市场基金、证券化以及回购交易三部分。资金通过货币市场基金，从银行转到影子银行；证券化将缺乏流动性的贷款资产转换成各种证券；利用回购交易，抵押品获得再次抵押，参与影子银行资产证券化业务[17]。在影子银行资产证券化过程中，由于非银行金融机构的广泛参与，其替代或部分替代商业银行金融中介的职能，大量复杂的衍生工具被多次抵押投资，形成了杠杆率极高的风险传播链条。

理论上讲，影子银行体系能够逐层分散交易风险，但如果交易系统中的某一环节出现问题，则可能导致整个系统的崩溃。机构投资者是美国影子银行的主要"存款人"，他们对风险异常敏感，一旦察觉市场有变，就会在短时间内迅速抽离资金，很容易导致"羊群效应"，造成影子银行体系的挤兑状况发生。[12] 面对突然发生的挤兑行为，商业银行会迅速抛售手中的金融资产，去杠杆减少自身损失，但商业银行去杠杆不仅会使金融资产价格应声下跌，加剧信贷紧缩，而且极易引发整个金融体系的系统性风险。[15] 随着影子银行规模扩大，交叉传染渠道将更加复杂多样，风险监管尤为重要。

中国影子银行同样涉及证券、信托等多种金融机构，覆盖了货币、信贷、资产管理等诸多领域，影子银行业务的交叉复合推动其规模迅速扩张，而业务交叉关联，会引发信用错配、流动性错配和期限错配等问题，导致风险在影子银行业务间交叉传染，并向正规金融体系扩散，我国 2013 年 6 月发生的"钱荒"，正是影子银行交叉传染风险集中爆发的案例。

中国金融机构实行分业经营，分业监管模式，商业银行具有稳定的资金来源，但其不能涉足证券投资等业务；而信托等行业可以进行证券投资，但又缺乏像商业银行一样稳定的资金来源，资产证券化业务使得影子银行机构同传统商业银行业务捆绑在一起，生成了资产和负债的交错纽带，导致会计账户间的风险溢出。[16] 金融创新使得影子银行机构与传统金融体系高度关联，原本沉淀在传统银行机构的一些不良资产很可能被重新打包出售；而金融衍生工具的过度使用又极易掩盖金融风险，致使投资者无法真正有效地判断影子银行产品的真实风险。实际经济运行中，影子银行产品的风险并未真正从银行系统转移出去，银行部门很可能成为金融体系中最主要的风险承担者，2014 年中诚信托 30 亿兑付危机就是一个例证。[17]

附表 3　中美影子银行体系比较

比较内容	美国影子银行	中国影子银行
融资模式	批发性融资—市场融资方式	零售型的融资方式
运行方式	资产证券化为核心，运作流程复杂	补充银行融资，运行流程较为单一
参与主体	机构投资者居多，风险承受力较强	个人投资者较多，风险承受力较弱
运作效率	批量化生产，运作效率较高	资金运作效率较低
信用扩张	叠加型金融衍生产品无限扩张，杠杆率较高	信用扩张有限、杠杆率较低

比较内容	美国影子银行	中国影子银行
运行风险	风险隔离机制较好，投资多元化，无法避免会有系统性风险	与银行关联较大，风险分散程度不够，但系统性风险发生概率较小

中国影子银行产品横跨多个金融领域，现行的分业监管体制很难实现对影子银行产品的穿透式监管。[18] 从附表3可以看出，与美国影子银行体系相比，中国影子银行体系发展还不太成熟，运行流程较为单一，资金运作效率较低，是社会融资不足背景下的一种简单规模扩张模式。陆晓明（2014）认为，在我国目前特殊的金融环境下，影子银行更容易滋生其他风险暴露。[8]积极借鉴美国金融危机后影子银行的监管改革经验，加强影子银行监管是目前我国金融监管当局亟待解决的问题。

五、美国影子银行风险监管的教训及经验借鉴

（一）美国影子银行风险监管引以为戒之处

1. 监管当局对影子银行引发系统性金融风险的认识不足

美国金融危机发生期间，由于投资者的恐慌心理，次级债券及优级债券等证券化产品被争相抛售，导致原本相关性并不高的一些资产相关性显著增强，加上危机期间，资产价格不断下降，期限错配和流动性错配严重，大批贷款人违约，使得整个资产池陷入危机，先前的分散化投资模式，一定程度反而助推了风险的传播。监管当局对影子银行引发系统性金融风险的认识不足，影子银行本身又缺乏从公共资源获得流动性的途径，导致影子银行成为整个金融危机的根源所在。

2. 监管机构权责不明和监管不到位现象并存

金融危机爆发之前，美国监管模式是金融机构混业经营下的多头分业监管。多头分业监管容易导致各监管机构权责不明和监管空白。由于影子银行一般具有庞大的资产池规模，信息透明度差，投资者很难辨析各类资产风险状况，造成信息不对称，影子银行机构间信贷关系链复杂，各环节的监管程度与方式的差异极易造成监管漏洞。[10]

（二）美国影子银行风险监管经验借鉴

1. 宏观层面

注重立法先行，确保有法可依。美国影子银行宏观层面的制度创新，基本都能做到有法可依，立法先行。自影子银行产生以来，美国陆续完成了对商业银行、证券化、非银行金融市场及工具等一系列立法工作。金融危机爆发之后，金融监管当局又加大监管力度以及深化全球监管合作，《金融体系全面改革方案》《多德—弗兰克法案》等法律相继出台，美国政府通过立法强化了影子银行的监管。

加强宏观审慎的全面、分类、动态监管。金融危机之前，美联储监管对整个市场的流动性关注较少。金融危机爆发后，监管当局意识到应该从市场的高度来把握行业的流动性风险，加强影子银行体系的宏观审慎监管。影子银行各项业务模式差异较大，不同市场、不同主体之间的资金流动要进行分类、动态监测，随着金融业务的不断创新，监管也需要动态跟进，极力避免监管漏洞的出现。

加强对金融机构破产清算监管，规范金融衍生品交易。美国金融监管当局在2008年金融危机后将影子银行机构及其业务相关活动均纳入系统性风险和系统重要性的监管中，不断加强对金融机构的有序清算和破产监管。规范金融衍生品交易，要求从事金融衍生品交易的银行都必须遵守"沃克尔法则"。由商品期货交易委员会、证券交易委员会和清算所三方共同来决定清算的合约类型，而且，只要是能够标准化的金融衍生品要求必须在交易所交易、在清算所进行合理清算。

2. 微观层面

提高影子银行的资本金要求是美国影子银行微观审慎监管的第一步。"沃克尔法则"要求提高从事再证券化业务的资本要求，并根据头寸水平相应调整资本金水平，进而降低杠杆率，降低整个影子银行体系和金融体系的脆弱性。

对影子银行机构实行动态拨备机制，保障最低拨备水平，建立一个动态的缓冲机制；提高市场透明度，加强影子银行业务的透明度建设，鼓励金融市场充分竞争，完善信息披露，构建合理的市场约束机制对影子银行体系进行监管。

六、中国影子银行加强风险监管的改革建议

第五次全国金融工作会议和党的十九大报告指出，未来我国金融市场改革的一个重要方面，就是要加强影子银行的有效监管，在金融体系平稳发展的基础上把杠杆降下来。三大攻坚战中，坚决防范化解重大风险之路任重而道远，综上所述，美国影子银行风险监管的教训及经验，以我国金融市场发展的现状为基础，中国影子银行的监管需要从以下两个方面进行改革：

(一) 宏观层面

1. 加强风险管理的基础上鼓励影子银行健康发展

2008 年金融危机爆发后，美国金融监管当局并没有完全限制影子银行的发展，而是以原则性监管为基础，调节影子银行体系良性发展，2012 年底，美国金融机构、实体经济企业盈利基本恢复，部分上市公司的盈利水平甚至高于 2007 年同期。我国现阶段，同样也需要在加强风险监管的基础上，鼓励影子银行健康发展。

2. 不断完善监管框架，统一监管体系

我国目前对影子银行的监管标准各异，没有一个较为统一的标准。下一阶段，建立全面、统一的金融监管体系尤为必要。影子银行具体业务监管应注意总量控制、分账经营和分类监管，在宏观审慎制度框架下，关注影子银行体系风险衍生与溢出机制，健全系统性风险的最终管理责任主体，建立完善的应对机制。影子银行的产品种类繁多，覆盖面广，其产生的风险具有明显的传导性和联动性。影子银行监管应从全局出发，充分发挥监管合力，增强监管效果，深入推进标准化进程，着力减少监管盲点和职能重复。

3. 规范资产管理产品框架，强化影子银行产品穿透式监管

《商业银行个人理财业务管理暂行办法》《非银行金融机构行政许可事项实施办法》《信托公司净资本管理办法》等法规陆续出台，为非银行金融机构建立了一整套审慎监管制度，但由于存在监管标准差异，下一步应对同类业务尽量统一监管标准，降低监管合规成本，消除监管套利空间。2018 年 3 月 13 日，保监会和银监会合并组建中国银行保险监督管理委员会，着手制定统一的监管框架，强化功能监管和信息披露，采用相同标准监管同类，有益于影子银行产品的穿透式监管。

4. 平稳促进去杠杆，加快金融体系的配套改革

当前，金融监管当局已陆续出台政策引导影子银行风险逐步释放，在去杠杆的过程中，要把握风险释放速度。要关注市场化推进的速度和金融机构营利模式转型之间的平衡，平稳推进去杠杆。以市场需求为导向，放宽金融市场准入标准，鼓励金融产品和业务的不断创新，形成有序、多元和开放的金融体系，加快金融体系的配套改革。[18]

（二）微观层面

1. 加强信息披露，建立完整的信息收集处理系统

由于我国还没有建立完整的信息收集处理系统，影子银行机构信息披露不足，游离于监管之外，不断规避法律、攫取利润。下一步监管机构应该完善影子银行相关产品的信息登记制度，建立统一、及时完整的信息收集、处理和共享系统，不断加强影子银行业务的透明度建设。

2. 强化资本约束，提升金融机构的风险承受和管理能力

对表外或证券化业务提高资本金要求，完善影子银行体系系统性风险预警和应急处置机制，建立商业银行和影子银行之间的防火墙，更加关注风险的隔离，保证金融机构的影子银行业务与主营业务有效分离；逐步将信用评级等外部机构纳入宏观审慎监管的范畴，提升金融体系的抗风险能力。

3. 不断完善金融机构破产机制和消费者保护机制

对影子银行机构进行分类和差异监管。健全风险隔离保护机制，考虑将影子银行纳入存款保险机制，打破刚性兑付，并注意逐步减小与商业银行的关联性。在发展影子银行业务过程中要注意违约和破产风险，健全破产程序，要关注违约和破产对消费者的利益损害，完善消费者保护机制。

参考文献

[1] IMF. Global financial stability report：Potent policies for a successful nor-malization [R]. 2016.

[2] 黄晓雯. 基于宏观审慎监管角度的影子银行风险溢出效应研究 [J]. 南方经济，2017 (7)：85-99.

[3] Pozar Z，Adrian T，Ashcraft A B，et al. Shadow banking [R]. Federal Reserve Bank of New York Working Paper，No. 458，2010.

[4] FSB. Shadow banking：Scoping the issues [R]. A Background Note of the Financial Stability Board，2011.

[5] 徐学超，张新兰. 中美"影子银行"风险与监管辨析 [J]. 农村金

融研究，2012（3）：28-33.

　　[6] 姚敏．中外影子银行体系比较研究 [J]．东北财经大学学报，2014（4）：10-16.

　　[7] 陈继勇，甄臻．后危机时代中美影子银行形成机制、风险特征比较及对策研究 [J]．武汉大学学报（哲学社会科学版），2013，66（6）：90-96.

　　[8] 陆晓明．中美影子银行系统比较分析和启示 [J]．国际金融研究，2014（1）：55-63.

　　[9] 胡振华，王振．基于微观视角的国内外影子银行运行机理比较分析 [J]．武汉金融，2015（3）：8-12.

　　[10] 何启志，张旭阳，周峰．基于中美对比视角的中国影子银行发展研究 [J]．财贸研究，2017，28（3）：63-75.

　　[11] 胡利琴，常月，陈锐，等．中国影子银行通道演变及风险形成机理研究——基于机构关联的视角 [J]．保险研究，2017（10）：29-41.

　　[12] 王达．论美国影子银行体系的发展、运作、影响及监管 [J]．国际金融研究，2012（1）：35-43.

　　[13] IMF．Global financial stability report：Risk taking，liquidity，and shadow banking：Curbing excess while promoting growth [R]．2014.

　　[14] Ferrante F．A model of endogenous loan quality and the collapse of the shadow banking system [R]．Federal Reserve Board Finance and Economics Discussion Series，2015.

　　[15] 马亚明，宋羚娜．金融网络关联与我国影子银行的风险溢出效应——基于 GARCH-Copula-CoVaR 模型的分析 [J]．财贸研究，2017，28（7）：69-76.

［16］李建军，薛莹．中国影子银行部门系统性风险的形成、影响与应对［J］.数量经济技术经济研究，2014，31（8）：117-130.

［17］王喆，张明，刘士达．中国影子银行体系的演进历程、潜在风险与发展方向［J］.社会科学文摘，2017（10）：53-55.

［18］方先明，谢雨菲．影子银行及其交叉传染风险［J］.经济学家，2016（3）：58-65.

后　记

　　本书围绕债务杠杆问题，以凯恩斯主义与高杠杆的形成为出发点，分析债务杠杆影响经济增长、经济波动的理论机理；并从债务杠杆变化与局部金融风险累积、风险传导与宏观金融稳定、风险暴露与金融危机等方面，分析债务杠杆影响金融稳定的理论逻辑。

　　对比中国、美国、日本、英国、印度、澳大利亚6个国家的债务总杠杆率及分部门债务杠杆率，分析中国实体经济债务杠杆率的发展现状、结构特征以及分部门债务杠杆率的结构演变，解析债务杠杆率结构与经济转型背离的深层次原因。运用全球43个国家（地区）1995~2019年的跨国面板数据，实证研究债务杠杆的经济增长效应，从金融规模、金融效率、金融结构三个维度，验证债务总杠杆对经济增长的影响，不仅与金融发展相关，且呈现显著的门槛效应；进一步研究分部门债务杠杆率对经济增长的差异影响。对债务杠杆的经济波动效应进行实证，研究了不同金融发展环境下债务杠杆对经济波动影响的门槛效应以及分部门债务杠杆率对经济波动的影响。基于风险累积与扩散的视角，从债务总杠杆与分部门债务杠杆两方面研究了债务杠杆率对金融稳定的影响，为加强金融风险防范与促进经济增长提供了佐证。

随着债务杠杆水平的提高，经济增长速度先增加后逐渐减小，存在一个最优的债务杠杆率水平；在达到最优债务杠杆率之前，提高债务杠杆率可以有效促进经济增长；超过最优的债务杠杆率，则不利于经济增长。债务总杠杆率与宏观经济波动存在显著的负相关关系，债务总杠杆率波动与经济波动正相关，即债务总杠杆率波动加大会扩大宏观经济波动，增加经济的不稳定性。债务总杠杆率与金融稳定呈现显著的正相关关系。债务总杠杆率上升，意味着全社会债务总量的增长速度提高，且提高了银行业风险承担。另外，本书验证了债务杠杆的银行风险承担传导渠道确实存在，当债务杠杆处于上升期时，实体经济各部门通过增加贷款，纷纷加杠杆，银行体系也基于未来经济上行的预期，增加信贷量，增加了银行体系的信用风险，不利于金融稳定。

基于以上分析，从转变债务杠杆调控战略，持续激发经济活力；保持货币政策稳健中性，加大结构性货币政策的实施力度；分部门加强债务杠杆风险预警，防范系统性金融风险；加强过剩产能化解，优化实体经济部门杠杆率；优化调整金融环境，在提升资本的产出效率等方面，提出债务杠杆率结构优化调整的对策建议。

关于债务杠杆的宏观经济效应，涉及经济、金融、管理等各个方面，因此还有诸多的工作等着我们去进一步研究。囿于笔者学术水平，没能在书中进行更进一步的深入阐释，这也为后续的研究留下了广阔的空间。在今后的研究工作中，要进一步拓宽研究的深度和广度，使相关的理论研究和实证分析更加丰富饱满，不断增强研究的现实指导性。

在本书写作过程中，笔者参阅了大量国内外学者的著作、期刊论文、研究报告等各类研究成果，同时引用了诸多学者的研究观点，这些研究拓宽了我们的研究视野，丰富了我们的知识结构，给我们带来了诸多启迪并且汲取了许多有益的成果，在此对各位专家学者的研究表示崇高的敬意！笔者尽力在文末的参考文献中列出参阅和引用的相关文献，如有遗漏，敬请各位专家、学者谅解。本书在撰写过程中，难免存在疏漏和不足之处，敬请各位专家、学者和广大读者批评指正。

行文至此，感谢经济管理出版社的各位编辑老师，他们对本书的出版进行了细致的编辑和校对，做了大量的具体工作，在本书付梓之际，谨向他们表示真挚的感谢！